Rudolf Tobler

Die altprovenzalische Version des Disticha Catonis

Rudolf Tobler

Die altprovenzalische Version des Disticha Catonis

ISBN/EAN: 9783743436947

Hergestellt in Europa, USA, Kanada, Australien, Japan

Cover: Foto ©Thomas Meinert / pixelio.de

Manufactured and distributed by brebook publishing software
(www.brebook.com)

Rudolf Tobler

Die altprovenzalische Version des Disticha Catonis

Die altprovenzalische Version

der

Disticha Catonis.

INAUGURAL-DISSERTATION

ZUR

ERLANGUNG DER PHILOSOPHISCHEN DOKTORWÜRDE

VORGELEGT DER

HOHEN PHILOSOPHISCHEN FAKULTÄT

DER

KAISER WILHELMS-UNIVERSITÄT

zu Strassburg i. Els.

VON

Rudolf Tobler

aus Berlin.

Berlin 1897.

Druck von E. Ebering.

Linkstrasse 16.

Von der hohen philosophischen Fakultät

der

Kaiser Wilhelms-Universität zu Strassburg im Elsass

genehmigt

am 17. Juli 1897.

Meinem Vater

gewidmet von

seinem dankbaren Schüler.

Die vorliegende Arbeit beschäftigt sich mit der alt-provenzalischen Version der Disticha Catonis, jener Sammlung von Lebensregeln in lateinischer Sprache etwa aus dem dritten Jahrhundert unserer Zeitrechnung, die, im Mittelalter durch ganz Europa verbreitet, in Deutschland, England, Holland, Frankreich, Italien, Catalonien und im Engadin in die Volkssprache übertragen worden ist. Sonderbarerweise war neben mehreren nordfranzösischen Versionen keine einzige südfranzösische, d. h. provenzalische, bekannt geworden. Da erwarb im Jahre 1894 die Königliche Bibliothek zu Berlin durch Ankauf von einem italienischen Antiquar eine kleine Handschrift (acc. 1894, 263), welche ein grösseres Fragment der lang vermissten provenzalischen Übersetzung der Disticha Catonis enthält. Es ist ein Heftchen von vier incinander gelegten Doppeloktavblättern aus Pergament, also acht einfachen Blättern oder sechzehn Seiten (0,186 × 0,11 m), die mittelst eines stärkeren weissen Zwirnfadens unter sich und mittelst eines dünnen schwarzen Fadens mit einem sicher nicht ursprünglich dazu gehörigen Pergamentumschlag offenbar erst in neuester Zeit zusammengeheftet sind. Weder Blätter noch Seiten sind beziffert; am untersten Rande der letzten Seite liest man *simale,* den Anfang des Verses *Se male custodit dives quem copia prodit,* womit, wie wir sehen werden, die folgende Seite und Lage zu beginnen hatte; es war somit das äusserste Doppelblatt unseres Heftes das äusserste einer Lage auch in der vollständigen Handschrift, von der uns hier nur ein vielleicht kleines Bruchstück vorliegt. Mit Ausnahme der Seiten 7 und 8, die je 37 Zeilen

aufweisen, zählen wir auf jeder Seite deren 38. Von je vier
aufeinander folgenden Seiten sind immer nur die erste und
die vierte liniiert, die beiden dazwischen liegenden nicht,
vermutlich weil anfänglich die auf der einen Seite des Blattes
eingeritzten Linien auch auf der Rückseite für den Schreiber
bemerkbar genug waren; auch vertikale Linien sind gezogen
zur Linken und zur Rechten der überhaupt liniierten Seiten
und zwar je zwei. Zwischen denen zur Linken stehen die
Majuskeln, mit denen die einzelnen Verse beginnen; die zwei
zur Rechten werden von den Versenden natürlich manchmal
nicht erreicht, manchmal überschritten und wären zwecklos,
wenn sie nicht jedesmal für die Rückseite den Raum für
die Anfangsbuchstaben der Verse bezeichnet hätten. Die
mit dem Zirkel an den äussersten Rändern gestochenen
Punkte, zwischen denen die Linien zu ziehen waren, sind
noch vorhanden; die Blätter sind also nie beschnitten worden.
Was die Schrift selbst betrifft, so fällt zunächst ins Auge,
dass dafür dreierlei Farbe verwendet ist; von Anfang bis
zu Ende treffen wir fortwährend hinter zwei roten Zeilen
zwei grüne und darauf in einer Zahl, die zwischen 3 und 28
schwankt, schwarze. Weitaus am schlechtesten hat sich von
den drei Farben die grüne bewährt: sie ist an sehr zahlreichen Stellen teils so verblichen, teils so abgescheuert,
teils so zerflossen, dass eine sichere Entzifferung des grün
Geschriebenen vielfach ganz unmöglich ist; ein Glück, dass
man ziemlich genau weiss, was geschrieben sein muss. Auch
die schwarze Schrift hat nicht selten und zwar durch Ab-
scheuerung Schaden gelitten (Bl. 2r⁰, 5r⁰, 7v⁰, 8r⁰), und
hier kommt uns leider vorderhand von keiner Seite Beistand.
Ein paarmal stossen wir auf kleine Übergriffe der einen
Farbe in das Gebiet der andern: 1r⁰7 ist das letzte Wort
des grünen Verses schwarz gegeben; 1v⁰31 ist zwischen *r*
und *d* des grünen *cur discere* ein roter Strich senkrecht
gezogen; 4v⁰25 ist über das *n* des grünen *tenet* ein schwarzes
m geschrieben und hinter dem Punkte, der nach *negligis*

steht, schwarz i$\overline{p}$m gesetzt. Nach dem Urteile meines Vaters, dem ich auch die Abschrift der ganzen Handschrift verdanke, ist sie „im dreizehnten Jahrhundert geschrieben und das Werk derselben Hand, obgleich die Schrift nicht immer völlig gleiche Grösse, noch auch gleiche Sorgfalt zeigt; Bl. 1r⁰ 31 und 32 sind jedoch die verschwundenen zwei Buchstaben hinter der Initiale wohl von späterer Hand durch il ersetzt." Grössere und geschmückte Initialen begegnen ein einziges Mal Bl. 4r⁰, wo ein neuer Abschnitt beginnt; hier haben nach einem roten *explicit* . . . die Anfangsbuchstaben der roten, der grünen und der schwarzen Schrift die Höhe zweier Linien; der rote ist mit kleinen grünen, der grüne mit kleinen roten, der schwarze mit grünen und roten Verzierungen ausgestattet. Bl. 8r⁰ unten war der Anlass zu gleichem Verfahren gegeben; in der That treffen wir hier wieder drei grosse Initialen, aber diesmal fehlt ein *explicit* und fehlen alle Ornamente.

Über den Inhalt der Handschrift bin ich durch meinen Vater unterrichtet worden: In dem rot geschriebenen Texte erkennt man die Disticha des Dionysius Cato und zwar beginnend mit dem sechsten des zweiten Buches, dessen weiterer Verlauf ohne Unterbrechung, bloss mit Umstellung der Disticha 28 und 29, genau wiedergegeben ist. Es folgt darauf das vorhin erwähnte *Explicit liber secundus incipit tertius*, sodann in der That das dritte Buch mit Einschluss der *praefatio* in drei Distichen, mit Ausschluss dagegen des schlecht bezeugten und schwerlich echten ersten Distichons. Endlich ohne Angabe, dass ein Buch schliesse und ein neues beginne, vom vierten Buche die Disticha 1, 3, 4, 5, also mit Übergehung des zweiten und Aufnahme von einem der *praefatio*. Im ganzen haben wir somit 57 Disticha: es fehlen uns dagegen von dem gesamten unter Catos Namen gehenden Werke die 40 Disticha des ersten Buches, die 5 der *praefatio* und die 5 ersten des zweiten Buches selbst, zusammen 50 Disticha vor dem Beginn unseres Bruchstückes und die 44 letzten des vierten Buches hinter dem Ende des Fragmentes. Dass zu dem Gesamttexte, von dem uns heute nur dies Mittelstück vorliegt, auch der *prologus* in Prosa, bestehend aus einer kurzen Anrede an den Sohn des Verfassers und 56 knapp gefassten Lehren, gehört habe, ist nicht wahrscheinlich. Vermutlich ist uns gerade das mittlere Drittel des Ganzen erhalten, und füllten die vorn fehlenden 50 Disticha samt den zugehörigen Zugaben in grüner und schwarzer Farbe und gleicher Art wie die sofort zu besprechenden, die uns unser Fragment kennen lehrt, ein erstes ebensolches Heft von acht Blättern, wie das vorliegende, und ein drittes gleiches, vielleicht auch bloss 6 Blätter zählendes Heft enthielt die 44 letzten Disticha nebst den Zugaben. Selbstverständlich kann die ganze Handschrift auch weit umfangreicher gewesen sein und weitere Werke enthalten haben. — Betrachten wir nunmehr die grünen Zeilen, die immer zu zweien sich je einem roten Distichon anschliessen, so bemerken wir sofort, dass auch sie Hexameterpaare sind, und zwar solche, in denen immer das in der Cäsur stehende Wort mit dem am Versende stehenden, sei es zweisilbig, sei es einsilbig, mehr oder minder genau reimt, während der Gedanke, in weitem Umfange auch der Ausdruck mit dem des catonischen Distichons genau übereinstimmt; wir haben es mit der Umsetzung des Cato in leoninische Hexameter zu thun, die unter dem Namen *Novus Cato* bekannt und von Zarncke in den Berichten über die Verhandlungen der Königlich Sächsischen Gesellschaft der Wissenschaften zu Leipzig, philologisch-historische Klasse, B. 15, 1863, S. 31 ff. unter Benutzung verschiedener Handschriften des 12. und des 13. Jahrhunderts herausgegeben worden ist, nachdem sie bereits am Ende des 15. und zu Anfang des 16. Jahrhunderts in kommentierten Ausgaben des Cato Verwendung gefunden hatte.

Das schwarz Geschriebene aber in diesem Heftchen ist die Paraphrase des Cato in provenzalischen paarweise gereimten sechssilbigen Versen, von denen hier immer zwei in eine Zeile geschrieben sind, so dass sie ungefähr gleich viel Raum füllen wie je ein lateinischer Hexameter.

Nicht lange nachdem mir mein Vater seine Kopie dieser Handschrift zur Herausgabe des Gedichtes überwiesen hatte, — im Januar 1896 — veröffentlichte Herr P. Meyer im 25. Bande der Romania 2 Fragmente desselben Werkes, die er auf 2 Pergamentblättchen der Bibliothèque nationale gefunden hatte. Eine genaue Beschreibung derselben findet sich an der angeführten Stelle. . Der Inhalt des ersten Blättchens ist in der Berliner Hs. nicht vorhanden, der des zweiten dagegen deckt sich, wie wir sehen werden, abgesehen von einigen Abweichungen mit V. 453—560 des in der Berliner Hs. überlieferten Textes. Dass die beiden Hs. nicht nah verwandt sind, geht schon daraus hervor, dass die Pariser keine lateinischen Verse und die Berliner an der gemeinsamen Stelle 3 Verspaare weniger als jene enthält.

Im Folgenden werden wir zunächst die Schreibung des Berliner Textes behandeln, wobei gelegentlich auch auf P. Meyers Einleitung zu dem Abdruck der Pariser Fragmente oder auch auf diese selbst hinzuweisen sein wird. Dann wenden wir uns zur Besprechung der Reime und zur Betrachtung der sprachlichen Besonderheiten beider Hs., der Pariser jedoch nur soweit als im Hinblick auf die Feststellung der ursprünglichen Formen erforderlich ist und Meyers Einleitung mit Hülfe des umfangreicheren Materials ergänzt werden kann. Es folgt dann endlich der Abdruck des Gedichtes, soweit es in beiden Hs. vorhanden ist, mit den nötigen Anmerkungen. Wenn hier die schon von Meyer herausgegebenen Bruchstücke noch einmal abgedruckt werden, so geschieht das deshalb, weil das erste Fragment schon zur bequemen Übersicht für den Leser, das zweite aber zur Herstellung des Textes herangezogen werden musste. Den Schluss

bilden einige Bemerkungen über den Inhalt des
Gedichtes.

Der Kürze halber ist im Folgenden der von Meyer
abgedruckte Text als M, der der Berliner Hs. als T
bezeichnet.

Schreibung der Berliner Handschrift.

So klar die Hs. äusserlich erscheint, so verderbt ist
sie in der Schreibung. Die Schwierigkeiten, welche sich
für den Leser ergeben, beruhen teils auf Verwendung des
gleichen Zeichens für verschiedene, vielleicht auch sonst
anders bezeichnete Laute, teils auf Schreibfehlern. Um zu
zeigen, wie gross die Zahl der letzteren ist, stellen wir hier
diejenigen zusammen, deren Korrektur durch den Reim
gefordert wird; man mag danach beurteilen, wie viele der
ganze Text enthalten wird:

13	*segar*	für	*segur*	354	*cmta*	für	*conta*
21	*peina*	„	*poina*	373	*celeda*	„	*celada*
107	*feçal*	„	*fezel*	444	*faç*	„	*fetz*
212	*ybre*	„	*eure*	465	*cars*	„	*carcs*
221	*fedas*	„	*fedels*	466	*lares*	„	*larcs*
222	*cles*	„	*cels*	514	*fair*	„	*far*
249	*gara*	„	*garar*	586	*fles*	„	*fleis*
296	*sabres*	„	*sabers*	608	*nens*	„	*nems*
298	*saluç*	„	*salut*	623	*primer*	„	*primeir*
309	*leus*	„	*laus*	742	*volentres*	„	*volenters*
319	*entem*	„	*enten*	744	*afair*	„	*afar.*
341	*muta*	„	*muda*				

Man vergleiche auch in M V. 22 *fai* für *fa*.

Waren hier durch Versehen des Schreibers oder durch
idiomatische Einflüsse Fehler entstanden, so ist in andern

Fällen nur der Gleichklang der Reimsilben durch Einführung
an sich berechtigter Nebenformen verdunkelt worden. So
liest man wie in M:

34 *coven*	für	*cove*	496 *sazuns*	für	*sazos*
49 *vezins*	„	*vezis*	548 *ben*	„	*be*
487 *despent*	„	*despen*	560 *bens*	„	*bes*

auch in der Berliner Handschrift:

18 *conpainons*	für	*conpainos*	601 *acossela*	für	*acosseila*
50 *grant*	„	*gran*	607 *temps*	„	*tems*
515 *barons*	„	*baros*	666 *lignaje*	„	*lignage*
549 *cofun*	„	*cofon*	725 *saçions*	„	*sazios*
556 *folesa*	„	*foleza*	738 *decaçiment*	„	*decazimen.*

In den Fällen, wo man zwischen auslautendem *nt* und
n und zwischen Erhaltung und Abfall des beweglichen *n*
schwanken konnte, haben wir uns für die kürzere Form
entschieden, ohne sie jedoch als die einzig mögliche hin-
stellen zu wollen.

Was nun die ungewöhnliche und inkonsequente Anwendung einzelner Schriftzeichen betrifft, so ist hier vor
allem das ç zu besprechen. Das sonst gebräuchliche *z* ist
dadurch vollständig verdrängt (nur V. 540 *despenduz*). So
hat die Hs. *s* für das *tz* in (*t* + *s*):

asatz	33	*membratz*	231	*totz*	546	
petitz	53	*nafratz*	251	*totz*	551	
membratz	53	*totz*	261	*sotz*	559	
asenatz	54	*fatz*	263	*totz*	601	
prezatz	55	*totz*	278	*totz*	607	
faitz	116	*maritz*	284	*nafratz*	609	Hs. *ναϊταϛ*
tortz	117	*salutz*	298	*totz*	632	
mortz	118	*totz*	339	*totz*	635	
citatz	129	*totz*	344	*membratz*	635	
derocatz	130	*asatz*	443	*essenatz*	636	
tortz	155	*maritz*	473	*totz*	702	
maritz	207	*membramentz*	529	*potz*	711. ·	
asatz	215	*perdutz*	539			

in $(tj + s)$

aintz	88	*antz*	369	*antz*	530
abantz	162	*pretz*	394	*comentz*	530
abantz	348	*antz*	477	*pretz*	687.

in (c^{ei})

vetz	183	*patz*	280	*notz*	300	*ditz*	474
letz	184	*ditz*	281	*ditz*	352	*patz*	610
ditz	208	*ditz*	283	*ditz*	392	*notz*	714
platz	279						

Die Hs. hat ç an Stelle des *z*

in $(tj$ oder cj oder c^{ei} vor der Tonsilbe)

prezatz	55	*vezat*	428	*sazos*	553	*tenzon*	76
prezar	57	*fezist*	438	*vilzir*	630	*comenzar*	525
razon	75	*fezes*	460	*dizera*	668	*comenzar*	590
razon	270	*mesprezar*	475	*fazias*	672	*anzanas*	599
razon	406	*prezara*	492	*sazos*	729	*sazïos*	725
vanezis	419	*sazos*	496	*sazos*	732		

zo 89 226 238 260 310 354 359 413 437 492, *aizo* 307 346.

in $(tj$ cj nach der Tonsilbe)

valenza	11	*prez'*	210	*valenza*	530
temenza	12	*faza*	212	*boneza*	555
fazas	24	*enanza*	261	*foleza*	556
faza	40	*amistanza*	262	*servizis*	560
forza	70	*savieza*	337	*falseza*	659
pesanza	83	*boneza*	338	*greveza*	660
venjanza	84	*rabineza* (?)	390	*temenza*	680
cubezeza	126	*reileza*	463	*procza*	714
maleza	127	*cobeseza*	464	*boneza*	717
cubezezas	128	*fazas*	495	*cobezeza*	718
savieza	185	*faza*	520	*fazas*	744
foleza	186	*comenza*	535		

in (auslaut *c^e*, ausl. *s* nach *ñ, nn, lj, ll, nd*)

feinz	6	*granz*	124	*filz*	307
preonz	15	*afanz*	124	*afanz*	459
fonz	16	*no·lz*	156 (Hs. *noiç*)	*granz*	460
meilz	51 (Hs. *moilç*)	*melz*	171	*folz*	498
granz	56 (Hs. *gcñç*)	*nulz*	193	*granz*	505
venz	69	*meilz*	272	*e·lz*	701
enganz	133	*granz*	294		

in (intervok. *d*)

vezent	19 (Hs. *vençent*)	*lauza*	159	*decazeig*	461
decazeg	62	*auza*	160	*cazer*	489
azira	80	*lauza*	163	*gazaina*	610
razitz	105 (Hs. *raçis*)	*gazainat*	165	*gazainat*	661
fezel	107 (Hs. *feçal*)	*gazain*	247	*fezeltatz*	704 (Hs. *feçeltas*)
cazegron	108	*gazaina*	397	*auzit*	707
cubezeza	126	*auzir*	401	*cobezeza*	718
cubezezas	128	*gauziscas*	431	*decaziment*	738
auzida	143	*esgauzir*	433	*gazaina*	741
lauzar	157	*auzist*	437		

Die Hs. hat *ç* für das *s* in

eus	109 (*ipse*)	*ves*	330	*fes*	444
vols	158	*las*	331	*es*	519 (*illos*)
despens	177	*sens*	332	*perdras*	563
sens	178	*avisar*	360	*ves*	657
tos	207 (*tuus*)	*ves*	390	*sens*	687
fils	307	*fais*	410	*captenimens*	688
genses	324	*genses*	443	*aonos*	726
ves	329				

Ist schon diese Verwendung des ursprünglich ein *z* bezeichnenden Buchstaben zur Wiedergabe des Lautes *s* auffallend, so ist aus dem Provenzalischen gar nicht zu erklären, wenn *ç* auch die Laute *j y̆ ž* bezeichnet. So vertritt *ç* in der Hs.

das *j* in: *ja* 217 257 482 493 499 644. *jatz* 291 (Hs. *ças*). *jus* 584. *manjar* 639. *fenjera* 659 (für *fenhera*). das *g* in: *jugar* 37. *juga* 136 (Hs. *iuçe*).

Als *g* ist auch das *z* in M zu verstehen in den Formen *dreiz* 38 und *fruiz* 480. Im letzteren Falle bietet unsere Hs. auch *fruig.*

Vor diesem *ç* erscheint nun in einigen Fällen noch ein *i*, das mit ihm einen Laut bilden muss, da es — wie Reime beweisen (s. V. 252 *nafraç-asesmaiç*) — mit vorangehenden Vokalen keinen Diphthong bildet und des Versmasses wegen auf selbständige Geltung keinen Anspruch machen kann. Vielleicht wird sich, wenn erst das *ç* genauer lokalisiert ist, auch hierfür eine Erklärung finden. So schreibt die Hs.

17	*membraiç*	für	*membratz*	118	*cunduiç*	für	*cundutz*
31	*iuiçaire*	„	*jugaire*	232	*asaiç*	„	*asatz*
56	*faiç*	„	*fatz*	252	*asesmaiç*	„	*asesmatz*
74	*iraiç*	„	*iratz*	393	*queiç*	„	*quetz**
98	*noiç*	„	*notz*				

Auch der Buchstabe *s* ist nicht nur für einen Laut verwendet worden; er bezeichnet ausser *s* auch zuweilen den sonst durch *ç* wiedergegebenen Laut *z* und zwar im Auslaut, wo prov. oft *tz* geschrieben wird. So erscheint *s* für das *tz* in

totz 27	*deportz* 188	*adutz* 502
ditz 81	*jatz* 290 (Hs. *ças*)	*poestatz* 552
ditz 83	*raditz* 355	*potz* 622
razitz 105 (Hs. *raçis*)	*ditz* 356	*vetz* 653
issitz 106	*totz* 383	*ditz* 677
ditz 151	*despendutz* 401	*fezeltatz* 704
		(Hs. *feçeltas*).

---

* A n m.: Bei *meniç* 5 kann der *i*-Punkt verschoben und *meinç-meinz* zu lesen sein. *poiç* 5 97 299 311 326 333 345 467 496 519 712 wird entweder *potz* (da der Reim mit *noç* (*nocet*) diese richtige provenzalische Form in 2 Fällen (s. 299) sichert) oder *pois* (eine Form, die in unserm Text ebenfalls vorkommt) bedeuten.

Bei allen hier angeführten Schreibfehlern oder als ungewöhnlich namhaft gemachten Schreibungen ist die als sonst üblich bezeichnete oder als allein richtig angeführte Form in den Text eingesetzt worden. — Bei den mit Hülfe oder eben wegen des Reimes korrigierten Stellen bedarf es keiner Begründung. Was das Zeichen ç betrifft, das auf diese Weise völlig aus dem Texte beseitigt wird, so sei einmal auf die andere Hs. M hingewiesen, die es nicht kennt, und zweitens auf die ganz willkürliche Verwendung desselben bald als *z*, bald als *s*, bald als *j* oder ˇ*g*, woraus hervorgeht, dass die sonst durch diese bezeichneten Laute demjenigen, der sie alle durch dasselbe Zeichen ç wiedergeben konnte, gleich oder ähnlich schienen, dass er somit über den Lautwert der provenzalischen Schrift nicht unterrichtet, kurz — nicht der Autor des Gedichtes war. Ist das aber zugegeben, so wäre es unpraktisch das Verständnis des ohnehin so mancher Erklärung bedürfenden Gedichtes noch durch Beibehaltung einer nicht auf den Autor zurückgehenden Schreibweise zu erschweren. Aus demselben Grunde erschien es angebracht, das in der Schrift inkorrekt durch *s* wiedergegebene *z* oder *tz*, das aber in den Reimen nie mit *s* vermengt wird, in den oben angeführten Fällen wieder einzusetzen.

Die Schreibung der Handschrift ist bei allen diesen Änderungen, welche ja unbedenklich angenommen werden können, der Übersichtlichkeit wegen unter dem Texte nicht mehr aufgeführt, falls die erwähnten Worte nicht aus andern Gründen noch einmal zu berühren waren.

Im übrigen ist zur Schreibweise noch zu bemerken, dass in einigen Fällen, wie ja auch sonst in norditalienischen Handschriften üblich, *s* (= lt. *c* vor *e*, *s* + *j*, *t* + *j*, *x*) durch *x* ersetzt ist:

plaxer 92		*laixar* 538
cauxir 247 254		*raxon* 598.
occaixon 269		

maixon 469 sollte mit *z* geschrieben sein. Es lautet in unserer Handschrift sonst *maison*.

In *scecer* 417 ist wohl am zweiten *c* die Cedille vergessen; die Schreibung mit *sc* findet man auch sonst.

Merkwürdig ist es, dass zweimal ein langes *ſ* mit dem sonst unter dem *c* stehenden , erscheint (*entens* 331, *folesa* 713), was doch darauf hinzudeuten scheint, dass der Schreiber zwischen gewöhnlichem *s* und dem mit , versehenen einen Unterschied gemacht haben will. Oder ist ihm *s* und *c* so gleichbedeutend, dass es ihm nicht darauf ankommt, auch ein *s* mit Cedille einzuführen?

Reim.

Die Verse des Gedichtes sind sechssilbig, paarweise teils männlich, teils weiblich gereimt. Mehrfach ist, namentlich bei weiblichem Versausgang bloss Assonanz erreicht, so: 96 *sia-viva*, 576 *s'atuda-belluga*, 678 *oste-nostre*, M 24 *carestia-sias*, 76 *perdre-recebre*. Ebenso sind auch die Versausgänge 614 *dans-clams* und 616 *clama-gazaina* als Assonanzen an-zusehen. Dagegen erscheint es zweifelhaft, ob nicht V. 327 *mia (mica): audia* als Reim anzusehen ist. Zwar gehen die weiblichen Formen der Participia in unserm Gedicht sonst auf -*ada*, -*ida*, -*uda* aus, sodass man geneigt sein könnte, auch hier *audida* einzusetzen, nötig ist diese Änderung jedoch nicht, da unser Text auch sonst Inkonsequenzen auf-weist und die weiblichen Participia auf -*ia*, wie manche Beispiele zeigen, schon in der besten Zeit der provenzalischen Dichtung wenigstens in gewissen Gegenden vorkommen. Auffallend ist auch die Zusammenstellung der Versausgänge *luxuria* und *avaria* V. 192, die eine Betonung *luxuría* voraussetzt, während dies Wort V. 199 in einer Form erscheint, die den Accent auf der zweiten Silbe anzusetzen nötigt. Wollte man V. 191 die gleiche Betonung und damit Augenreim annehmen, so dürfte man unbedenklich auch M 42 *cove* einsetzen (s. Meyers Anm.). Nun finden wir aber *luxuria* im Versausgang mit *sia* gebunden bei *Peire Cardenal* (Mahn W. II S. 214; vgl. Oreans, die E-Reime des Altprovenzalischen. Herrigs Archiv 1888. S. 346), und hier ist an der Korrektheit des Reimes nicht zu zweifeln. Wir müssen also wohl für *luxuria* an den beiden Stellen verschiedene Betonung annehmen. Es ist zu beachten, dass auch das Wort für „Geiz“ an beiden Stellen verschiedene Form zeigt: 192 *avaria* und 199 *avaresa*.

Nicht geringe Schwierigkeiten machen die E-Reime. Schon Meyer hat auf die Mangelhaftigkeit des Reimes *moiler-aver* V. 500 hingewiesen. Unsere Handschrift zeigt V. 107 *fezel (fidēlis)* im Reim mit *cel (caelum)*, V. 221 aber *fedels* im Reim mit *cels (cēles* Conj. v. *celare)*. Das zweite *e* von *fezel* bezeichnet nun der *Donatz proensals* S. 46 als *larc*. (Vgl. Lienig, die Grammatik der provenzalischen *Leys d'amors*. 1. Teil, Breslau 1890. S. 38. Wiechmann, Über die Aussprache des provenzalischen E. Hallenser Diss. 1881. S. 34.) Der erste Reim ist also korrekt. Das *e* von *cel* aber V. 222 muss, wie auch der Donatz S. 46 bestätigt, *estreit* sein, der Reim ist also mangelhaft, wenn wir nicht für *fezel* ein Schwanken der Qualität des *e* annehmen wollen. Dies ist aber sehr wohl möglich, das *it. fedele* zeigt dasselbe Verhalten.

Wenn V. 608 *tems (tĕmpus)* mit *nems (nimis)* reimt, so deckt sich das mit den Aufstellungen des Donatz, der beide unter *ems estreit* anführt, und bestätigt die Regel, dass auch lat. *ĕ* vor *m* als *ę* erscheint. Vgl. Oreans, a. a. O. S. 198. Wiechmann, a. a. O. S. 30. Ebenso wenig ist es ein Fehler, wenn *espeil (spĕculum)* im Reime mit *cabeil* 314 und

conseil 326,522 erscheint; *espelhz* steht im Donatz unter
elhz estreit, und findet sich oft, wie Lienig S. 46, Oreans S. 348
gezeigt haben, im Reim mit Wörtern auf *elhz.* Vermischung
von prov. *ę* u. *ę* zeigt also nur der zuerst genannte Fall
mullęr-aver. Was den Diphthong *eu* betrifft, so will es nach
Lienigs Erörterung auf S. 47 scheinen, als habe man in der
prov. Dichtung *ęu* u. *ęu* nicht mehr geschieden. Der
Donatz giebt nur eine Reihe unter der Überschrift *in eus,*
wo sich allerdings durchweg *ęu* findet. Doch hat Lienig
durch zahlreiche Beispiele erwiesen, dass *ęu* u. *ęu* auch bei
den besten Dichtern oft vermengt worden sind. So darf es
uns denn nicht wundern, wenn wir in unserem Gedicht das
Gleiche finden. Wahrscheinlich hat, wie Oreans a. a. O.
S. 342 meint, der folgende Labial eine Verschiebung des *ę*
zu *ę* bewirkt. Vgl. M 36 *dęu-lęu (lèvem),* T 212 *bęure (bibere)*
-ęure (ëbrius), 214 *bęu (bibit) - gręu (grèvem),* 228 *gręu-deu.*
Beachtung verdient seines Vokals wegen auch der Reim in
V. 46: *conoscà-bosca.* Das letztere Wort ist bei Raynouard
nur als *busca* belegt, erscheint dementsprechend neupr. als
busco. Da es auch it. *busca* lautet, so muss ursp. langes *u*
zu Grunde liegen (vgl. Diez, Wb. *busca*). Berechtigt ist die
Form *bosca* also nicht, doch kann man sich leicht denken,
dass der Vokal des begrifflich wie etymologisch verwandten
bosc, das jedenfalls oft vorkam, sich hier eindrängen konnte.
Immerhin giebt dies und die Vermischung von *ę* und *ę* Anlass zu bezweifeln, dass der Dichter ein geborener Provenzale
war. Die letztere weist nach Italien, wenn auch eine
Form *bosca* dort nicht zu finden ist.

Gehen wir nun zu den Konsonanten in den Reimsilben
über. Bewegliches *n* kann mit festem *n* reimen oder gänz-
lich ignoriert werden, so findet man: *son (sunt)-bon* 198,
ascran-endeman 302, und anderseits: *pros-conpainos* 18, *enveios-
sazios* 100, *cre-cove* 226, *pros-sazos* 496, *baros-pros* 516, *ancse-
be* 548, *sazios-aonos* 726, *consiros-sazos* 732.

— 19 —

Nicht ganz korrekt, scheint es, wenn V. 288 *fors (fortis)*
und V. 424 *perfors* mit *cors (corpus)* reimt. Das letztere
ist nach Lienig S. 107 auch sonst zu finden, das erstere
aber sehr auffallend. Ebenso ist es streng genommen
zu tadeln, wenn V. 688 *captenimens* mit *sens* reimt, doch
kann man hier wie bei *enfans* 506 an eine Bildung von der
Akkusativform ohne *t* aus denken.

Man könnte versuchen eine parallele Entwicklung von
-actum und *-ectum* in der Weise herzustellen, dass man überall für *eg* oder *eig eit* einsetzt. Man müsste dann in den
3 Fällen, wo das Reimwort (*veg video* 62, *leg legem* 140,
eveg invidiet 134) wohl ein *i* an Stelle des *g* aber kein *t* annehmen kann, die Formen *decazei* 61, *drei* 139 und *nelei* 133
einführen, welche, wie Lienig S. 108 gezeigt hat, bei verschiedenen provenzalischen Dichtern im Reime vorkommen.
Denselben Abfall des *t* müsste man dann auch V. 600 in
dreis (Hs. *dries*) im Reime mit *leis* annehmen. Doch scheint
die Einführung dieser doch nicht allgemein üblichen und
jedenfalls nicht häufig angewendeten Formen ohne *t* gleich
in 4 Fällen neben einer grossen Anzahl von Formen mit *t*
etwas gewagt (S. Oreans S. 318), und es liegt näher für den
Ausgang *-actum* in unserm Text *-ağ* anzusetzen, das in
2 Fällen im Versinnern schon vorhanden ist, und sich ohne
Schwierigkeit einführen lässt. Ebenso wird auch in den 4
oben genannten Reimwörtern *veg, leg, eveg, legs* (Hs. *leis*)
die Aussprache *eğ* anzunehmen sein. Würde man diese
Formen auf *-ağ* und *eğ* (ebenso dann auch die nicht im
Reime vorkommenden auf *oğ* und *uğ*) mit Sicherheit dem
Autor zuschreiben können, was nach dem Vorhergesagten
wahrscheinlich ist, so würde man daraus schliessen können,
dass der Autor dem von Suchier in Groebers Grundriss
S. 597 (Karte 6) bezeichneten languedocisch-provencischen
Gebiet oder einer östlicheren Gegend angehört; denn dass
c vor *a* den gutturalen Laut behalten hat, dürfen wir bei
der konsequent durchgeführten Schreibung *c* nicht bezweifeln,

obgleich ein absolut beweisendes Argument nicht angeführt
werden kann. Das „*fach*-Gebiet" erstreckt sich noch weit
nach Norditalien herein, wo natürlich *c* vor *a* ebenfalls erhalten ist. Wollen wir nun, wie oben vorgeschlagen ist, den
Dichter als Italiener ansehen, so könnte man seine Heimat
vielleicht genauer bestimmen, wenn man feststellt, wo in
Oberitalien sich der durch die Schreibung *eg, ag* unserer
Handschrift angedeutete stimmhafte Palatal in den entsprechenden Formen findet. Dies ist der Fall im Altmailändischen (A. Mussafia, Darstellung der altmailändischen
Mundart nach Bonvesins Schriften. Sitzgsber. der philos.-
hist. Klasse der Wiener Akad. B. LX, S. 5ff, Wien 1868, § 61),
während das Venezianische wie das Genuesische *jt* oder *t,*
das Piemontesische anscheinend stimmlosen Palatal *(fachio,*
confechio) hat. Die Frage ist nur: Dürfen wir bei einem
Dichter, der in einer fremden Sprache schreibt, sprachliche
Eigentümlichkeiten seiner Dichtung, die ganz gut einem
Dialekt der fremden Sprache angehören können, als solche
seiner Muttersprache ansehen? Kann nicht ein Venezianer
geradeso genau die Sprache von Marseille lernen wie ein
Mailänder? Vorläufig müssen wir die Sprache unseres
Gedichtes als die des languedocisch-provencischen Gebietes
ansehen, vielleicht im Munde eines Italieners.

Grosse Schwierigkeiten machen die Reime auf mouilliertes
l, besonders die folgenden: *espeil-cabeil* (Hs. *cabail*) 314, *trabaila-*
caila 352 und *mala-cála* 690. Es handelt sich um die Frage:
Ist in unserm Gedicht lat. *ll* im Reime wie einfaches *l* oder
wie mouilliertes behandelt, oder ist es von beiden unterschieden worden? — Dass das letztere nicht der Fall ist,
beweist der Reim in V. 314, wo das *ll* von *capillus* dem *cl*
von *speculum* gegenübersteht, also wie dieses mouilliertes *l*
ergeben haben muss (wenn nicht etwa an mangelhaften Reim
oder an Assonanz zu denken ist. s. u.). Übrigens erscheint
capillus im Provenzalischen wie im Donatz 46, 31 so auch
bei den Dichtern (Orange, Toulouse, Rhodez. s. Lienig S. 88,

Oreans S. 194) oft mit mouilliertem *l*. Wie hat man aber die beiden andern Reime in Einklang zu bringen? In *calar* oder *caillar* liegt eigentlich nicht *ll* sondern *l* zu Grunde, und das span. *callar* allein berechtigt uns nicht ein lat. *challare* anzusetzen. Doch führen die Leys d'Amors es (nach Lienig S. 85) neben *piucela, renocla, caval* als mildes *l* enthaltend an, behandeln es also, wie wenn das *l* auf lat. *ll* zurückginge. Wie dem auch sei, unser Gedicht verlangt für den Reim *mala-cala*, wenn man sich nicht mit blosser Assonanz begnügt, ein Verbum *calar* mit einfachem nicht mouilliertem *l*, und so erscheint das Wort auch heute noch meist in der Form *cala*, nur gascognisch heute als *calha*. Wie kann aber in demselben Gedicht die gleiche Form dieses Verbums mit *trabaila* reimen? Entweder liegt in einem der beiden Versausgänge nur eine Assonanz vor, oder wir nehmen 2 verschiedene Formen desselben Wortes an, die dem Verf. beide bekannt waren oder von verschiedenen Verfassern gebraucht sind, oder mouilliertes *l* wird schon nicht mehr von einfachem *l* unterschieden, was ja heute in Languedoc und Provence der Fall ist (s. Mistral: *counsel miral viel cabel trebalo* usw.); denn dies müssten wir annehmen, wenn wir *cabel* und *cala* (V. 352) ansetzen, da ersteres mit *espeil* 313, letzteres mit *trabaila* 351, dies aber mit *nuaila* 414 reimt.

Die dritte der genannten Möglichkeiten ist von vornherein ausgeschlossen, *c'l* und *lj* können im Altprovenzalischen noch nicht einfaches *l* geben. Die Annahme der zweiten dagegen würde die Schwierigkeit in der Weise lösen, dass alle Reime des Gedichtes bestehen bleiben. Nach Lienig S. 88 würde dann der Dichter, für welchen *caillar* (aus *challare*) und *cabeil* anzusetzen ist, der Provence oder dem Süden von Languedoc angehören. Was das Etymon *challare* betrifft, so wäre auch denkbar, dass das doppelte *l* sich nur in den westlichen Teilen des romanischen Sprachgebiets entwickelt hätte. Allerdings ist im provenzalischen Gebiet eine bestimmte Grenze in der Anwendung von *calar* und *callar* nicht zu erkennen. Vielleicht ist *callar* von Spanien aus eingedrungen und hat sich von der Grenze aus hauptsächlich im Süden (Narbonne, Beziers, Toulouse, Marseille, Orange, Provence) doch auch nach einigen nördlicheren Punkten (Rhodez, Vienne) ausgebreitet.

Doch wenn nicht andere Gründe, die am Schluss besprochen werden sollen, für die Annahme mehrerer Verfasser bei unserm Gedicht sprächen, so würde die erstgenannte Möglichkeit, dass in den fraglichen Fällen nur Assonanz vorliege, unbedenklich vorzuziehen sein, zumal sich in den Versausgängen auf mouilliertes *n* entsprechende Ungenauigkeiten zeigen: V. 52 reimt *sens (sensus)* mit *mens (minus)*, das V. 6 mit *feinz (fingis)* verbunden ist, V. 412 reimt *gazain* mit *dan (damnum)*. Die Schwierigkeit liegt hier abermals darin, dass, wenn wir für *meins mens* und für *gazain gazan* setzen (oder darf man nach dem it. *dagno* Bonvesin § 44 *dain* annehmen?) — beide Formen sind nach Mistral heute in Provence und Languedoc üblich, für die alte Zeit ist allerdings nur die erste belegt — wir doch daneben die Formen *meinz* V. 5, *gadain* M 64 und *gazaina* V. 451 im Reime gesichert finden. Wir haben also abermals die Wahl uns entweder die Assonanz gefallen zu lassen oder verschiedene Formen und damit vielleicht auch verschiedene Verfasser anzunehmen.

Wir haben nun am Schlusse aus dem Inhalt unseres Gedichtes nachzuweisen versucht, dass es in der vorliegenden Form nicht auf einen Verfasser zurückgeht. Es zeigt sich dabei, dass gerade diejenigen Stellen nicht der ersten präcisen Fassung angehören, welche mangelhafte Reime, Assonanzen oder Augenreime enthalten. Es würden von den vorher besprochenen Versausgängen dem Grundstock des Gedichtes nur die Reime *deu-leu* 36, *fedels-cels* 222, *cala-mala* 680 angehören, an denen ja an sich nichts zu tadeln ist, da *eu* und *qu* vielleicht niemals geschieden worden ist. Es bleibt aber auch die Assonanz oder der mangelhafte Reim ors-

fors (fortis) V. 288, der allerdings nicht ganz korrekt ist.
Er kann aber durch die präcise Ausdrucksweise und genauen
Anschluss an das Original hervorgerufen sein.

Dieser Teil des Gedichtes kann also in korrektem
Provenzalisch geschrieben sein. Das Übrige aber scheint
von einem Italiener verfasst, der die Sprache von Languedoc
und Provence gelernt, vielleicht aber nie gesprochen hatte.

Grammatische Bemerkungen:

Nach dem vorher Gesagten darf es uns nicht wundern,
wenn wir das Provenzalisch unseres Gedichtes stark mit
nichtprovenzalischen Formen durchsetzt finden. In den
Reimen freilich war, wie wir gesehen haben, nichts Derartiges gesichert: Wenn sich qualitativ verschiedene Vokale
im Reime gegenüberstehen, so ist damit keineswegs erwiesen,
dass die Vokale dem Autor gleich schienen, sondern nur,
dass ihre Verschiedenheit kein Hindernis des Reimes war.
Von falschen Formen kann man hier also nicht sprechen.
Ebensowenig darf man das bei den andern Reimen, die oben
als auffallend besprochen worden sind, da man, wo sich
wirklich kein Gleichklang herstellen lässt, immer noch
Assonanz annehmen kann. Nehmen wir aber, wie schon
vorgeschlagen ist, mehrere Dichter an, so würde demjenigen, der die verschiedene Vokalqualität beim Reime
nicht beachtet, also wohl ein Italiener ist, die Einmischung
italienischer und französischer Formen wohl zuzutrauen sein.
Diejenigen sprachlichen Eigentümlichkeiten wenigstens, in
denen unsere beiden jedenfalls nicht verwandten Hs. über-
einstimmen, könnten also vielleicht diesem Dichter angehören.
Sie betrachten wir zunächst.

I.

Sprachliche Besonderheiten, die beiden Hs. gemeinsam sind.

1. Schon bei Besprechung der Schreibung der Berliner
Hs. war darauf hingewiesen worden, dass dort mehrfach der
Laut *ǧ* durch *ç* wiedergegeben ist. Wir hatten *ça çatz çus
fençera juçar mançar.* In M erscheint nun zweimal *z* für aus-
lautendes *ǧ.* Man könnte die Formen *dreiz* 38 und *fruiz* 480
als Nominative ansehen, doch ist der Laut *ǧ* im ersten Falle
durch den Reim, im zweiten durch T gesichert *(fruig).* In
beiden Hs. hat also *z* resp. *ç* in einigen Fällen den Laut
ǧ oder *j* vertreten müssen. Das ist im regelrechten Provenzalisch nicht möglich, dagegen ist in den oberitalienischen
Dialekten, im Venezianischen, Veronesischen, Mailändischen,
Piemontesischen und Genuesischen dieser Laut schon frühzeitig,
wie wir aus den ältesten Texten sehen, in *z* übergegangen.
Der (dem Dentalvorschlag folgende) palatale Zischlaut ist in
den dentalen übergegangen; die ihn hervorbringende Enge
verschob sich vom vorderen harten Gaumen nach den Ober-
zähnen. Dazwischen, als die Enge an den Alveolen der
oberen Zähne gebildet wurde, hatte der Zischlaut einen
Klang, der so genau die Mitte zwischen Palatal und Dental
hielt, dass er sowohl durch *g (j)* als durch *z (ç)* wiedergegeben werden konnte. Wenn nun ein Norditaliener in
der Zeit dieses Überganges sich mit einer ihm nur schrift-
lich bekannt gewordenen Sprache beschäftigte, vielleicht in ihr
schrieb oder wenigstens Erzeugnisse ihrer Litteratur kopierte,
so konnte er auch hier in einzelnen Worten, deren Identität
mit solchen seiner eignen Sprache er erkannte, sich zu
Gunsten der in letzterer gerade üblichen oder ihm persönlich
geläufigeren Schreibung entscheiden. So erklärt sich in M *dreiz*
neben *dreig*, in T *ça* neben *ja, juçar* neben *jugament* usw.
Zu einem sicheren Schluss auf den Autor berechtigt uns
diese Übereinstimmung der Hs. jedoch nicht, ein Reim, der
dieses nordit. *z* (=lt. *ct* oder *dj* oder *j*) mit regelrechtem
prov. *z* zusammenstellte, findet sich nicht. Doch ist es immer-

hin bemerkenswert, dass heide Hs. diese italienische Schreibweise anwenden, also wohl in Italien entstanden. — Es scheint übrigens, als sei in der Hs.

T das ç nicht der Vorlage entnommen; denn das einmal vorkommende z deutet darauf hin, dass diese es anwendete, und M würde, wenn das ç dem Original angehörte oder der gemeinsamen Quelle, nicht durchweg z haben. Das ç, das sich besonders in italienischen Handschriften (s. W. Meyer, franco-italien. Studien, Groebers Zsch. 9/10 [auch für c′] und Levy, poésies religieuses, Rev. des langues romanes 31 [ganz wie in T]) findet, könnte vielleicht gerade zur Bezeichnung jenes Übergangslautes eingeführt worden sein und sich, als der Wandel vollendet war, in einzelnen Gegenden z. B. im Venezianischen zur Bezeichnung des scharfen s oder z eingebürgert haben. — Nehmen wir an, dass die Vorlage von T z schrieb, so sind die beiden Formen decageg 172 und gagainat 173 vielleicht als Schreibfehler zu erkennen; g und z können ähnlich ausgesehen haben. Sehr nahe liegt es aber auch, als Ursache des Fehlers die Nähe des g anzunehmen.

2. Intervokalisches d wird in beiden Hs. meist zu z resp. ç, doch zeigen beide auch Fälle der Erhaltung oder des völligen Ausfalls: M cader 489, gadain 64, T credas 203, fedas (l. fedels) 221, radis 355, audia 372, M cobeeza 22, 464, decaenza 453, T veer 16. Auch dies weist auf Norditalien. Der Ausfall des d, der dort überall die Regel ist, darf freilich bei unserm Gedicht auch als Einwirkung des Nordfranzösischen angesehen werden. Die Erhaltung des d aber tritt nur in Norditalien, und auch dort nur in beschränktem Masse, auf; das Venezianische und Veronesische die allein sie dulden, haben sie nur ausnahmsweise und bevorzugen den Ausfall. (Vgl. Cato 22,[1] Ug.,[2] Pateg,[3] Prov. 16,[4] Cath. S. 234 [oder 10][5]). Diesem Gebiet scheinen also die Hs. oder ihre Quelle anzugehören.

1. A. Tobler, die altvenez. Übers. der Sprüche des Dionysius Cato. Abhandl. der Berliner Akad. 1883. Sitzungsber. St. XVII. S. 417.

3. In beiden Hs. zeigt sich zuweilen die Neigung vor-
toniges *e* zu *i* zu wandeln, so in M *giquir* 86, *sirvent* 83, 407
(Diese beiden erscheinen allerdings in T mit *e*: *servent* 470,
gequir 582, 694), in T *misfur* 370, *diners* 741. Auch das zeigt
sich besonders in den norditalienischen Dialekten. Vgl. Cato,
Ug., Pateg. 11, Panf. 7,[6] Bonv. 11, Flech. 17.[7] Es scheint
dort ziemlich allgemein üblich, meist vor folgendem *i*.

4. Endlich tritt noch eine Eigentümlichkeit der Flexion
in beiden Hs. auf: die Bildung der 2. Ps. Sg. ohne *s*,
natürlich nur in einzelnen Fällen und nie im Reim (denn
M 22 ist doch wohl statt *fai* nicht *fas* sondern *fw* zu lesen),
aber doch in einer Zahl, die die Annahme zufälligen
Verschreibens ausschliesst: M 56 *fa*, M 475/6 *dei*, *avi* (der
Sinn ist hier durch das Fehlen des *s* nicht verloren gegangen
aber verschoben, der Zusammenhang fordert die in T gegebene 2. Person.), T *poi* 175, 369, 386, *au* 201, *consir* 302,
rete 310, *sab* 331, *fai* 612, 614, *gar* 713. Auch diese Formen
müssen italienischen Ursprunges sein.

Noch einige Besonderheiten der Sprache des Gedichtes
lassen sich aus beiden Hs. belegen, doch ohne dass man
dadurch der Lokalisierung des Textes näher käme.

In beiden Hs. erscheint geschlossenes *o*, gleichviel
welchen Ursprungs gern als *u*. M bietet: *saruns* (Reim:
pros 495), *mellur, aün, cofun; mun, dunt, cumpain, muller;*
T *cum* 15, 21 usw. *com* nur 235, sonst auch *co; um* 57, 180,
196, 208, 444, 461, 491, 694, sonst meist *om* 16, 17 usw.,

---

2. A. Tobler, d. Buch des Uguçon da Laodho. Ebenda. 1884, St. V,
S. 45.

3. ders., d. Spruchgedicht des Girard Pateg. Ebenda 1886.

4. A. Raphael, die Sprache der proverbia que dicuntur super natura
feminarum, Berliner Diss. 1887.

5. A. Mussafia, zur Katharinenlegende. Sitzgeber. der philos.-hist.
Klasse d. Wiener Akad. Bd. LXXV, 1873.

6. A. Tobler. Il Panfilo in antico veneziano. Archivio glottolog. ital. X.

7. Flechiu, Annotazioni sistematiche alle Antiche Rime Genovesi
(III, 61) e alle Prose Genovesi (VIII, 1). Archivio glottol. ital. X. 141.

mult 25, 45, 98, 185, 205, 3O9, 323 (*multas*, eb. 330, 653), *7·14·*, *dels* 480 (M *dolz*): *puis* 535, 575 (schreibt *pols*): *sildu* 44, 393, *voluntat* 81, 673, *cabezeza* 126, 128, *nuailos* 414, 422, *suspira* 235, *suiscep* 440, *volun* 600 (aber *coufondon* 120), *cundutz* 118, (aber *conpainos* 18, *convertis* 36, *contendras* 74).

In betonter Silbe scheinen besonders Nasale, und *l*, den Übergang des benachbarten *o* zu *u* gefördert zu haben; bei den oben angeführten Worten steht, abgesehen von *puis*, das unten besprochen werden wird, stets ein Nasal oder *l* daneben. Bezeichnend ist es, dass T, wenn das *o* von *quomodo* bleibt, fast stets den Nasal abwirft.

6. *ct* nach *e* wird in beiden Hs. durch *iy* oder *y* wiedergegeben, so dass wenigstens in diesen Fällen das *ў* gesichert ist. Dann darf man aber wohl auch annehmen, wenn auch *-actum* in M nicht vorkommt, dass dieses, wie oben angenommen ist, *aў* gab.

7. Schliesslich sei noch die Form des Infinitivs von *dicere dizer* erwähnt, die in M 21, 478, T 668 gesichert, in T 478 einzusetzen ist. Sie ist bei Levy (Wb.) belegt, aber noch nicht lokalisiert.

Nach diesen Bemerkungen ist es nicht mehr zweifelhaft, dass die beiden Hs. direkt oder indirekt unter norditalienischem Einfluss entstanden sind. Eine engere Verwandtschaft ist durch ihre in italienischen Handschriften ziemlich allgemein auftretenden Unregelmässigkeiten nicht erwiesen, beide mögen unabhängig von einander in Norditalien geschrieben sein. Dafür spricht auch der Umstand, dass sich in dem gemeinsamen Stück die für 100 Verse doch recht beträchtliche Differenz von 6 zeigt. Auch muss darauf aufmerksam gemacht werden, dass M ausser den angeführten nicht viele Unregelmässigkeiten zeigt, T aber noch eine Fülle italienischer und nordfranzösischer Eigentümlichkeiten in die schon etwas italianisierte Sprache gebracht hat. Es scheint also dem Original ferner zu stehen als M.

II.

Sprachliche Besonderheiten, die der Berliner Hs. allein eigen sind.

Schon aus der Schreibart der Hs. konnten wir schliessen, dass sie nicht von einem Provenzalen angefertigt ist. Aus sprachlichen Eigentümlichkeiten konnten wir schliessen, dass entweder ihr Schreiber oder der ihrer Quelle, vielleicht der Autor selbst, Italiener war, wobei natürlich durch die Annahme der beiden ersten Möglichkeiten die letzte ebenso wenig ausgeschlossen wird wie durch diese jene. Aus der stellenweise falschen Einfügung der lateinischen Verse, durch die die Paraphrase eines Distichons ganz auseinandergerissen wird, sehen wir, dass der Schreiber unserer Hs. das Gedicht nicht mehr recht verstand. Da nun aber die Reime keine sprachlichen Fehler enthalten, auch M im Ganzen nicht verdorben ist, werden wir wohl dem Schreiber unserer Hs. die zahlreichen Inkorrektheiten der Sprache zuschreiben müssen, die sich allein in der Berliner Hs. finden. Wir werden sie in 3 Gruppen besprechen:

    a) italienische Formen,

    b) französische Formen,

    c) ungewöhnliche provenzalische Formen.

a) 1. für prov. *ei* steht *e*: *primer* 623 *(-dereir)*, *fles* 586; *semetes* 104.

    2. vorton. *e* wird *a*: *s'asperderon* 244, *aspei* (l.*espeil*) 324, *rates* 343 (vgl. Cron.[1], Cato, Ug., Pateg, Panf., Proverb. 11; Passione[2] 17; Bonv.5; Flech. 17). Ob dies wirklich auf norditalienischen Einfluss zurückgeht, ist deshalb zweifelhaft, weil auch sonst oft *a* für *e* geschrieben ist, wo man nicht zweifeln kann, dass ein Schreibfehler vorliegt. Dreimal hat sich der Schreiber selbst korrigiert: *de qual* 47, *castals* 129 (bei diesen beiden Worten steht unter

---

1. Ascoli, annotazioni a una cronaca veneziana, Archivio glottologico it. III.

2. L. Biadene, La Passionee Resurrezione, poemetto veronese del sec. XIII. Studj di filologia romanza III. 215.

dem a ein Punkt, über ihm ein e), *avanç* 162 (aus dem *a*
ist das Zeichen für *e* „und" gemacht). In 4 andern Fällen
fordert der Reim die Einsetzung eines *e* für *a* der Hs.:
feçal 107, *fedas* 221, *cabail* 314, *faç* 444. Es bleiben noch
drei Fälle im Innern des Verses: *sa·l* 466, *dal* 480,
grau 608. (Vgl. auch die Möglichkeit der umgekehrten
Verwechslung c) 2.)

3. *cl* im Auslaut ist zweimal (viell. dreimal) durch blosses
   i vertreten: *oi* 46, *aspei* 325 *(-conseil)*. Im Genuesischen,
   Mailändischen, Piemontesischen geht das *l* in dieser
   Verbindung ebenfalls unter. Die beiden letzteren stellen
   den Laut durch *g*, das Genuesische stellt ihn durch *i*
   od. *j* dar (s. Flech. 25, Bonv. 37, Grisostomo[3] S. 81, 13. 14).

4. Intervokalisches *t* und *c* bleiben erhalten: *muta* 341
   (-cruda), *penetensa* 454 (M *penedenza); secura* 705, *seca*
   740, *dacas* 739 (l.*dicas*).

5. Das Flexions -*s* der Deklination fehlt oft: *avar* 719, -*car*
   720, *sant* 241, -*enant* 242, *just* 32, *luin* 95, *mal* 106,
   gran 116, 131, *grant* 127, *nul* 134, *son sen* 161, *to (senç)*
   178, *bon* 182, *al* 231, *gazain* 245, *so sen* 284, *tot* 386,
   grant 296, *oil* 315, *soau* 393, *so* 424, *trabail* 539, *aver*
   540, *orgoil* 557, *multa* 653. Es ist fälschlich angefügt:
   malezas 127 *(-cubezeza), saluç* 198.

6. Das Possessivpronomen der dritten Person bildet das
   Fem. *sua* 82, doch ist der Vers nach provenzalischer
   Messung zu lang.

7. Der Infinitiv der ersten Konjugation verliert zweimal
   das *r: esta* 82, *gara* 249; im zweiten Fall fordert der Reim
   die Einsetzung des *r*. Dieser Schwund des *r* ist Regel
   im Genuesischen (Flech. 65), häufig im Mailändischen
   (Bonv. 126).

8. Einige Verbalformen lauten wie im Italienischen: *e (est)*
   52, 185, *de (debet)* 41, 57, 90, 291, 293, 613, *po* 213,

---

1. W. Foerster, Antica parafrasi del Neminem laedi nisi a se ipso
di S. Giovanni Grisostomo. Archivio glott. it. VII.

267, 370. Die unter I, 4 angeführte 2. Ps. *poi* hät dann in einigen Fällen das der zweiten Person im Prov. zukommende *s* erhalten. So erscheint *pois* 21, 72, 191, 274, 727. Ob die 3. Ps. *poi* 65, 869, 391, 425, 434, 532, 579, 592, 717 von dieser Form der 2. Ps. aus gebildet ist, bleibt zweifelhaft. Sie scheint sonst nirgends vorzukommen.

9. *magis* lautet zuweilen *ma:* 169, 665, 669.

10. Aphärese liegt vielleicht vor: M 6 *a'quel*, T 47 *de quel*, 282 *se nemis* und sicher in der Form *quo*, die sehr häufig neben *zo* erscheint.

b) 1. *ę* ist diphthongiert in *bien* 309, 676, *miels* 254, 524, 678.

2. *a* wird zu *e*, betont: *blasmer* 285, *celeda* 373 *(-panlada)*; unbetont: *malament* 20, *iugement* 142, *iuçe* 136, *force* 533. Es ist schon angedeutet, dass man auch an Schreibfehler denken kann. Es zeigt sich auch *e* für *a*, wo frz. *a* bleiben musste: *leus* 309 *(-aus)*, *veler* 274.

3. Die Silbe *alt-* erscheint als *aut-* V 117, 155, 382, 400, 487, 515, 556, 567. Dies. ist übrigens auch im Genuesischen die Regel. (Flechia 24).

4. Intervokalisches *t* schwindet: *audia* 372 (was wohl dem Reim zu Liebe geändert ist), *poestas* 552 (was nicht in den Text gehört), im Ausl. *vertu* 237, *perdu* 238.

5. Ursp. inlautendes *c* vor auslautendem *s* schwindet: *gis* 593, *-amis* 594, *qes* 733, *amis* 594, *'nemis* 262, *cars* 465. Doch reimt *amicx* 494 mit *tricx*.

6. *l* vor auslautendem *s* schwindet: *aches* 194, *des* 515, *es* 519, *as* 117, 221, 554, 556, *fedes* (Hs. *fedas -cles*) 221, *nus* 101.

7. *m* vor Labialen wechselt mit *n:* *senblant* 3, *compainös* 18, *canbia* 216, *menbraç* 231, *menbradia* 340. Ebenso im Auslaut: *on* 594; *confondom* 120, *enfem* 319. (Dieser Wandel ist auch in Norditalien häufig (Rime genov. I, 50, 54 usw., Prose g. 5, Passione 23).)

8. Die Form *franchisa* ist für *franquesa* eingetreten V 686. Dazu ist auch das Reibwort *presa* in *prisa* geändert.

9. Das Demonstrativpronomen lautet im Masc. Nom. Sg. *cil* statt *cel* V. 37. Das Possessivpronomen der 3. Ps. bildet im Acc. Plur. *ses* statt *sos* 315, der Artikel den Plur. des Fem. *les* statt *las* 599, ebenso den des Personalpronomens der 3. Ps. 620.

10. *esser* bildet die 2. Ps. Sg. des Präsens *es* 609, 726, 639, die 3. Ps. Sg. des Futurs, *ert* 539, 636.; *far* bildet ähnlich die 2. Ps. *fais* 1, 3, *fais* 410, die 3. *fai* 117, 205, 580, 605, auch *fait* 560 (M *fai*).

11. Für *anese* erscheint *ase* 638, 547 (vgl. aber 131), wobei der Schreiber an das frz. *asez* gedacht haben mag. Doch erscheint auch norditalienisch eine Form *ase* (s. Muss., Beitr. z. Kunde der nordit. Ma. S. 110). *ainz* für *antz* V. 88, *puis* für *pois* 536, 575.

c) Es sind hier noch einige Eigentümlichkeiten der Sprache zu besprechen, für die ein fremder Einfluss nicht leicht nachweisbar ist und die zum grossen Teil in der Unbekanntheit des Schreibers mit der Sprache ihren Grund haben.

1. *l* der Gruppe *bl* fiel: *sembant* 6, 275.

2. *n* ist eingeschoben: *renzent* 19, *fengunt* 516. Dies kommt zwar im Norditalienischen vor, doch unter andern Bedingungen. Hier scheint die Nebensilbe eingewirkt zu haben.

3. *r* wurde umgestellt: *auars* 234, *gras* 276, *grada* 283, *sabres* 296, *podres* 528, *volentres* 742. Mehrfach ist dadurch der Reim gestört. Es scheint als habe der Schreiber die Abkürzung für *ra ar re er* falsch aufgelöst.

4. Anlautende Konsonanten nach auslautendem Vokal von Formwörtern worden gern verdoppelt: *sil las* 73, *lol laus* 204, *del la vida* 264, *lom mira* 314, *set tu* 375, *am nom* 461, *at tan* 571, *fot tort* 614.

5. Das Adj. *gran* bildet das Fem. *granz* 505 und *granda* 704.

6. Verkürzte Infinitive sind *dir* 478 (l. *dizer*), *fair* 514 (l. *far*).

7. Das Futur ist in seine Bestandteile zerlegt: *cambiar t'a tos sens* 178.

8. *aver* bildet die 3. Ps. Pl. d. Präs. *aun* 313 (*an* 380, 652). Daher das Futur *aurau* 20, *dirau* 517, -*farau* 518 (Hs. *farao*), wo die Schreibung mit *o* beweist, dass *u* nicht als *n* zu lesen war. Gleichwohl sind die Reime nicht gesichert; man darf aus ihnen nicht auf den Autor schliessen.

9. Neben der Form *escarnis* 441 von *escarnir* erscheint V. 164 im Reim mit *eis* (*ipsum*) *escarneis*. Es liegt nahe anzunehmen, dass Reimnot den in der prov. Sprache nicht geübten Autor zur Bildung dieser Form veranlasst habe. Doch bietet sich vielleicht eine andere Erklärung. Mistral bietet unter *escarni* einen langued. Infinitiv *escarnaisse*, der also zeigt, dass stellenweise eine Inchoativform dieses Verbs auftritt. Es kann also eine alte Form *escarneisser* ebensogut existiert haben. Will man das nicht annehmen, so mag man annehmen, dass in einigen Landschaften der Inchoativausgang *ascere* durch *escere* verdrängt wurde, veranlasst durch das verbum inchoativum κατ' ἐξοχήν *crescere*. Das ist z. B. im Gebiet von Marseille geschehen, wo heute *pascere nascere peisse neisse* lauten. Diesem Gebiet könnte auch unsere Form angehören.

10. Der Konjunktiv von *estar* lautet *esti* 324; V 132 kann das *a* vor dem folgenden *a* abgefallen sein.

11. Dass *mais* (*magis*) *mai* neben sich hat, wie V. 3, 43, 332, ist nicht ganz ungewöhnlich.

Bei der Herstellung des Textes sind alle diese Eigentümlichkeiten mit grosser Schonung behandelt worden, weil man von den meisten nicht erweisen kann, dass sie nicht auf den Autor zurückgehen. Abgesehen von Schreibfehlern

wurde nur, was für die Korrektheit der Reime und des
Versmasses geschehen musste und im Versinnern den in den
Reimen gesicherten Formen widersprach, korrigiert. Im
Übrigen ist alles, was ohne Korrektur verständlich war,
unverändert beibehalten.

Es war demnach Folgendes zu ändern: (Vgl. I und II).

I. Das fehlende Flexions -*s* der zweiten Person des Verbs
ist eingesetzt.

II. Es ist korrigiert:

a) 1. *e* f. prov. *ei*
 2. *a* f. vorton. *e*
 3. ausl. *i* f. *il*
 4. intervok. *t* erhalten für *d*
 5. falsche Flexion der Nomina
 6. *sua* f. *sa*
 7. Bildung des Infinitivs ohne *r*
 8. *de* f. *deu*

b) 1. *bien* f. *ben*
 2. *a* f. prov. *e*
 4. Ausfall d. intervok. *t*
 5. fehlendes *c* vor ausl. *s*
 9. *cil* f. *cel**
 10. *pois poiç* f. *potz, poi* f. *pot, fait* f. *fai*
 11. *aintz* f. *antz**

c) 1. *sembant* f. *semblant**
 2. Einschiebung v. *n*
 3. Umstellung v. *r*
 8. *dir* f. *dizer, fair* f. *far*.

Meyers Text weicht, abgesehen von den allerdings zahlreichen Ergänzungen, welche die Lücken der Hs. nötig

---

* Hier trat die ungewöhnliche Form neben der üblichen so selten
auf, dass man sie keinesfalls dem Autor zuschreiben wird, wenn auch
die korrekte Form durch kein besonders Argument gesichert ist.

machten, nur an zwei Stellen von der handschriftlichen
Überlieferung ab: V. 473 bietet er *ses es* für *se ses*, V. 482
l'amars für *la mars* der Hs. Vgl. auch meine Bemerkung
zu V. 2.

Die Ergänzungen sind durch gesperrten Druck kenntlich
gemacht. Die Grösse der Lücken war nach Meyers Angaben
nicht genau zu erkennen. An einigen Stellen habe ich
Lücken auszufüllen versucht, die Meyer unergänzt gelassen
hatte, nämlich die in V. 5, 8, 129, 133, 134, 136. V. 15 ist
anders ergänzt; Meyer las *ja no t'er*. Vgl. auch die
Bemerkungen über M auf S. 10 und 11. An letzterer Stelle
war noch aus V. 14 *cardaz* für *cardatz* anzuführen. An
drei Stellen (V. 13, 21, 40) habe ich ein am Wortende
stehendes *n* von dem vorhergehenden Vokal durch einen
Punkt getrennt, um es als die enklitische Form von *en*
(inde) kenntlich zu machen, was bei Meyer nicht geschehen
war. Endlich ist von Meyers Text noch abgewichen: V. 6
(M. *et aquel que li pres*), 7 (M. *petütz*), 38 (M. *dreiz*), 42 (M.
schlägt in seiner Anmerkung *cove* vor, setzt es jedoch des
Reimes wegen nicht in den Text), 56 (M. *fa*), 65 (M. *ses ave*),
69/70 (M. schlägt die ergänzten Worte vor, ohne sie jedoch
in den Text zu setzen).

Die Überlieferung der Berliner Hs. ist aus den unter
dem Text gegebenen Noten zu erkennen. An der Stelle,
welche beiden Hs. gemeinsam ist, ist der Text von M genau
nach der Romania abgedruckt. Die beiden lateinischen
Fassungen sind im Text als a und b bezeichnet, ebenso
in den Noten, wo die provenzalische Version als c eingeführt ist.

Zur Erklärung von M ist auch die Besprechung des
genannten Heftes der Romania durch Herrn Prof. Gröber
in seiner Zeitschrift B. 21, S. 154 benutzt worden.

Die Erklärung einiger schwieriger Stellen verdanke ich meinem hochverehrten Lehrer Herrn Prof. Gröber, andere meinem Vater. In den Anmerkungen ist bei ersteren G., bei letzteren A. T. hinzugefügt.

I, 27.   *Qui ab plazentiar*
       vol altre engainar,
       tot li es bon e bel,
       tro qu'es pres a l'auzel.
   5. *Mas pois adesa·l bres*
       et a'quel qu'el i pres.

I, 28.   *Se as efanz petitz,*
       que be·ls aias noiritz,
       a tal mestier los guida
  10. *don conqueiro lor vida.*

I, 29.   *Se tu tenias car*
       zo que ves desdeinar
       e·n ist abandonatz,
       quant ne sera cardatz,
  15. *no·l tenc per avareza,*
       ni parra cobeeza.
       Se tu ves gran mercat
       o de vin o de blat,
       s'en ajustas grant re,
  20. *non so ten om a re*
       ni ja no·n dizera:
       „gran cobeeza fa.“
       Puis, s'en es carestia,
       qu'abandonatz ne sias,
  25. *potz num d'omen avar*
       de sobre ti ostar,

        e ben ab ta largueza
        potz aver gran proeza.

I, 30.   *Ja parcerers non sias*
      30. *d'aizo qu'altrui castias;*
        que molt fa malamen
        qui fa zo que repren.

I, 31.   *Aquo quer que ave*
        o qu'es just e cove;
      35. *qui quer zo que non deu*
        fadia s'assatz leu.
        Folz es qui tal espleig
      · *quer c'om lo·il ved'a dreig.*
        Cel que quer que no·il tain·
      40. *no·n acreis sun gazain.*
        Ben tein so sen per jove
        qui quer zo que no·il cove.
        Folz es qui zo demanda
        que dreitz no vol ni manda.

I, 32. 45. *Se·t vols acumpainar*
        ni·t vols mercandejar,
        no laisses to cumpain
        per un omen estrain.
        Que, se·t fa tos vezis
      50. *per que tu t'ataïs,*
        estara ti a dreih
        zo dun t'aura neleig;
        L'estrainz for s'en i ra,
        tenra·s zo que's aura,
      55. *et ers en aventura,*
        se d'el fas ta rancura.

I, 33.   *Aquesta vida, filz,*
        es plena de perilz,
        doptoza, falsa e greus,
      60. *plus c'om no·s cuja breus,*
        doncas, s'en as un dia

ses dan e ses follia,
lauza·n Deu, si co·t tain,
e tein t'o a gadain.

I, 34. 65. Se s'ave de tun par
qu'ab tu·s voilla mesclar,
se·l sofres tan co potz,
mais te val que no·t notz;
quar per bona parvenza
70. ven d'amicx granz valenza.

. . . .

. . . . nc.

Totz om . . . .

. . . .

I, 35. 75. Non dobtes ja pauc perdre
don trop volras recebre;
qu'ab bel . . . . . .

. . . .

I, 36. . . . .
80. . . . .

. . . .

. . . .

I, 37. . . . . . sirvent
. . . . sab bo
85. e grant ira ti creis,
amesura ti eis.

. . . .

. . . .

I, 38. Cel que tu potz sobrar
90. . . . .
venz lo paziblament
e non valenza

. . . .

I, 39. . . . . }
. . . . . } 14od. 16Verse
I, 40. . . . . a tos amix }

. . . .

120. . . . .
    e si que no·t fallisca
    ni om no t'escarnisca.

II, praef. *Fils, aujas et enten,*
    e zo que dic apren.

125. *Se ben i vols entendre,*
    tant i podras aprendre
    que·t sapjas ben gardar,
    se·t vols, de follejar.
    Nuilz om qu'a savieza,|

130. *no pot aver pereza.*
    Se vols per aventura
    . . *per ni aver cura,*
    dels pros te lais lauzar,
    cossi·t deus cabdelar.

135. *Apren o be d'altrui*
    e ben garda de cui;
    . . . . . *laboranza*
    ven a trop mal'annanza.

T.

II, 5.   *Mais, se·l fais ab amor,*
as ne grat e lausor.
Se tu fais mai senblant
que non as en talant,
5.   *passar i potz trop meinz,*
si be·l semblant li feinz.

II, 6. a) *Quod nimium est, fugito, parvo gaudere memento;*
Tuta mage est pupis, modico que flumine fertur.

   b) *Nil modicum tempnas, nimium fugiendo repellas;*
Fit secura magis in parvo flumine navis.

Trop grant sobras d'aver
non voilas retener,
trop a maior pantais
10.   *d'aver cel qe n'a mais.*
Se·s n'a maior valenza,
si·s n'a maior temenza.
Naus non va tan segur
per lo grant flum escur,
15.   *cum va o no's preons,*
que om pot veer fons.

II, 7. a) *Quod pudeat, sotios prudens celare memento,*
Ne plures culpent id quod tibi displicet uni.

II, 5. 1. am *or*. 5. *poiç*. t. *meniç*. 6. *sembāt*.
II, 6. a) 1. *pāuo*.
   c) 15. *cum nan oes preonç*. 16. *quea pot om neer fonç*.
II, 7. a) 2. *quod displicet tibi uni*.

— 41 —

b) *Prudens celabis quod amicis turpe putabis,*
Ne culpent plures, si solus pandere cures.
  Se membratz est ni pros,
  cela tos conpainos
  d'aco que te vezent
20. *aurau faig malament.*
  Aitan cum potz te poina
  que no·n aian vergoina.
  No·n prendras nul servici
  que fazas auctorici;
25. *que mult t'estara lait,*
  se·t mets eis en tal plait
  qe totz om, cant o au,
  t'o blasm'e non t'o lau.

II, 8. a) *Nolo putes pravos homines peccata lucrari;*
Temporibus peccata latent et tempore parent.
b) *Absit opinari pravos peccata lucrari,*
Primum se celant peccata, deinde revelant.
  Se be·t res menar mal
30. *alcun ome carnal,*
  no·t metas a jugaire,
  si es justs o peccaire.
  Que asatz a om vist
  del senior Jhesu Crist,
35. *qe lo seu peccador*
  convertis a s'amor.
  Cel c'altru vol jugar,
  de so l'a ops que·s gar,

b) 1. *Prudens calibis.*
c) 17. *Se m. ē ni pros.* 20. *malement.* 21. *Aitan cum poiç
peina.* 23. *pndros* 24. *que faç·s* (1 Buchst. von einem
Fleck bedeckt). 26. *set met en tal plait.*
II, 8. a) 1. *putata lucrari.*
  b) 1. *parvos peccata (lucrari* fehlt.) 2. *p. se calent. a u. b*
  stehen vor V. 27 u. 28.
  c 31. *no·t metas iuiçaire.* 32. *sias iust o p.* 33. *Casaç.*

no·l posc'esser retrait
40. qe·l faza peior plait.
    Son oil deu aver clar
    qui l'altru vol curar,
    mai cel qu'i a grant trau
    d'aqel questi suau;
45. mult er lait, qe conosca
    en l'altr'oil pauca bosca.

II, 9. a) Corporis exigui vires contempnere noli;
    Consilio pollet cui vim natura negavit.

    b) Ne reputes viles in parvo corpore vires;
Fol. 1. vº.   Ingenio plenus fors viribus extat egenus.

    De'quel c'a petit cors
    non blasmes son esfors;
    pot esser q'el resplan
50. per conseil qe a gran.
    Sapjas qe·l meilz n'es. mens
    d'ome, can no·i es sens.
    Om petitz, s'es membratz
    ni pros ni asenatz,
55. deu esser mais prezatz
    qe·l granz avols e fatz.
    Cel deu um mais prezar
    que·s sab meils cabdelar.

II, 10. a) Quem scieris non esse parem tibi, tempore cede.
    Victorem a victo superari sepe videmus.

    b) Spernere tu noli, quin cedas sepe minori;
    Contra victorem tenuit iam victus honorem.

---

37. Cil. 38. d'sila o. 39. nil p. 41. Son oil de a. 46. en
laltru oi p.
II, 9. b) 1. Ne r. vilas. 2. estat eg.
    c) 51. moilç nes meins. 56. qel geñç a. 57. Cel deum.
II, 10. a) 1. sieris.
    b) 1. quin cedas doppelt.

Om'onor'e ten car,
60. *se ben no·l saps ton par;*
que soën aug e veg:
ric tornon decazeg.
Poiras tal vil tener
c'a pois tan de poder,
65. *que·t pot si adobar*
q'el t'er a tener car.
Ben ve om del vencut,
c'a pois tant de salut
qe venz lo vencedor
70. *e·il tol forz'e valor.*

II, 11. a) *Adversum notum noli contendere verbis;*
Lis verbis minimis interdum maxima crescit.

b) *Non tibi det motos verbi contentio notos;*
Pro verbis parvis crescit lis usque sub armis.

Ja ab to conoisen,
se potz, no leus conten,
ni ab amic, si·ll as,
iratz non contendras;
75. *qe per pauca razon*
potz mesclar gran tenzon.
Fol cor a et enic
cel qe son bon amic
per son parlar avol
80. *l'azira e se·l tol.*
S'i ditz sa voluntat,
tu deus estar membrat.
Se be·s ditz om pesanza
non es bel la venjanza.

c) 59. *omen onora e.* 62. *li ric t.* 63. *Poiral vil t.* 67. *poi.*
68. *qelrer.* 69. *loven cedor.* 70. *esil tol força evalor.*

II, 11. b) 2. *cresit.*

c) 72. *se pois ñ laus conten.* 76. *poi mesclar.* 79. *l' son*
parlar efol. 81. *Sidis sua v.* 82. *tu ds esta mbrat.*

II, 12. a) *Quod deus intendat, noli perquirere sorte.*
Quid statuat de te, sine te deliberat ipse.

b) *Quid deus ipse velit, tua sors cur discere querit?*
Te sine disponit, quicquid tibi reddere novit.

85. *Non enqueras per sort*
ta vida ni ta mort
ni qe·t'es a venir,
antz qe dejas morir.
Zo q'es a saber greu

90. *deu om pausar en Deu;*
che el sols a poder
de nos far son plaxer;
qe sab mels esgardar
senes lo nostr'afar.

95. *No fa luinz om que sia,*
qe . . . sempre viva.

Fol. 2. r°.

II, 13. a) *Invidiam nimio cultu vitare memento.*
Qui si non ledit tamen hanc sufere molestum est.

b) *Invidie cultum fugias, carissime, multum.*
Mentem livor edit, si non in corpore ledit.

Esquiva, quant o potz,
enveia qe mult notz.
Hom q'es trop enveios

100. *non er leu sazïos.*
Nus hom non deu sofrir
per enveia languir.
Qui massa a envcia
ab semeteis gerreia.

105. *Tant a mala razitz*
c'ancse n'es mals issitz:

II, 12. c) 88. *ainç.* 90. *d'om.* 92. *far dnos son p.* 93. *qe sab mels*
es . . (3-4 Buchst.) . . *ar.* 95. *lum omq s.* 96. . . (3-4 Buchst.) *sempre v.*
II, 13 c) 97. *poiç.* 100. *satios.* 104. *semetes.* 106. *canc sen es mal*
issis. 109. *Enç.* 110. *car nose saben g.* 112. *o deus l* . . (2 Buchst.)

Li angel no fezel
ne cazegron del cel;
eus Adam ab son par,
110. *no se saben garar,*
perderon paradis,
o Deus los ac asis;
per enveia ses crim
son fraire aucis Caim;
115. *per enveias carnals*
es ne faitz pois granz mals.
L'uns as autres fai tort
e los cundutz a mort
e fa mover las geras
120. *qe confondon las terras.*
Enveia fa lairos
e fa far truizïos,]
parlar e far enganz
etraire granz afanz.
125. . . . . *mals broil*
cubezez' et orgoil.
Pois altra grant maleza
·s fa hom per cubezeza;
qe castels e citatz
130. *en ve um derocatz.*
Pois granz mals n'eis ancse,
ja non esti' ab te.[1]
Greu er senes neleg
nulz om qe trop eveg.

II, 14. a) *Esto forti animo, cum sis dampnatus inique.*
Nemo diu gaudet, qui iniquo iudice vincit.

ac asis. 115. *Peuenias.* 116. *es ue faiç pois gran m.* 117. . . . (4 Buchst.)
as autres faitorç. 118. *e lo cunduiç amorç.* 119. . . . (3 Buchst.) *mover l.*
g. 120. *confondom.* 121. (1 Buchst.) *ueia.* 122. *traitios.* 123. *P. rlar.*
125. . . . . . (11 Buchst.) *mals broil.* 126. *cubezeza et orgoil.* 127. *Pois.* .
(5 Buchst.) *grant malecas.* 131. *Pois gran mals* . . . (4 Buchst.) *ancse.*
133. Die ersten 3 Buchst. zweifelhaft, *et senes n.* 134. *nul om* (zweifelhaft.)

b) *Sis fortis factus sub iniqua lege coactus.*
Non gaudet multum, quem lex mala servat inultum.

135. *Se saps qe per destreg*
no·t juga l'om per dreg,
aias cor aturat,
e ja non t'er blasmat.
Cel qe per falsa leg
140. *tol ab altre son dreg,*
no s'eu gau longament,
om de fals jugament.

II, 15. a) *Litis preterite noli maledicta referre.*
Post inimicicias iram meminisse malorum est.

b) *Quisque sit oblitus litis, iam factus amicus;*
Nam memor irarum malus est homo preteritarum.

Per te non sia auzida
la ira q'es fenida.
145. *Tot co c'om a fenit*
deu om metr'en oblit.
Molt a mal escïent
qui, can ac mal talent,
no·l pot si oblidar
150. *qe no·l voila membrar.*
Deus ditz en un sermon,
que no fara perdon
a cel qe no fenis
lo mal qe om d'el dis,
155. *et autres tortz qui·lz a,*
qe no·il perdonara.

II, 14. a) 2. *qui sub iniquo iudice vincit.* ⎫ a und b stehen fälschlich erst
        b)   ⎭   hinter V. 136.
        c) 136. *iuçe.* 142. *iugemt.*
II, 15. c) 144. *laɪra*... (3 Buchst.) *sanida* (*s* unsicher). 146. *d'* .....
        (5—6 Buchst.) *re en oblit.* 148. *q* .... (7—8) *l*
        talent. 149. *nol poisi ob lidar.* 152. *qui no f.* 155. *quila.*
        156. *qe noiç* (über ç ein *l*) *p.*

II, 16. a) *Nec te conlaudes nec te culpaveris ipse;*
   Hoc fatiunt stulti, quos gloria vexat inanis.
   b) *Nemo sibi culpam vel laudem conferat umquam.*
   Convenit hoc vanis, quos gloria vexat inanis.

   Ja no·t voilas lauzar,
   se no·t vols far blasmar.
   Totz om qe se eis lauza
160. *de co qe far non auza,*
   non es sos sens certans,
   c'abantz es fals e vans.
   Qui trop lauza se eis,
   altre l'en escarneis.

II, 17. a) *Utere quesitis modice; cum sumptus habundat,*
   Labitur exiguo, quod partum est tempore longo.
   b) *Parce dispensa, cum possit crescere mensa,*
   Durat namque parum nimis usus divitiarum.

165. *Co c'auras gazainat*
   despen gen e membrat.
   Qui a sen e mesura
   greu aura grant fraitura.
   Ma sias atempratz
170. *d'aco c'auras assatz.*
   Melz t'es, qe om destreg
   t'apel qe decazeg.
   Se as trop gazainat
   e·i as lonc tems pognat,
175. *potz esser si tost liure,*
   qe non aias ton viure.
   Se·t fal co qe despens,

II, 16. c. 161. *Non es son sen certans.* 162. *cab anç es fals avanç*
   (über ç ein *s*, das erste *a* in τ, die Abkürzung für *et*, korrigiert).
II, 17. c) 171. *Melç tes comes d.* 172. *ta pel qe de cageg.* 173. *Seas*
   trop gagainat. 175. *Poi esser.* 178. *tato senç.* 182. *qe sieis*
   bon guida.

cambïar t'a tos sens.
Om, can non a qe prenga,
180. no sap, que's do ni's tenga.
Cel fa bona garida
qe si eis es ·bos guida.

II, 18. a) *Insipiens esto, cum tempus postulat aut res.*
Stultitiam simulare loco prudentia summa est.

b) *Te stolidum finge, quando res ammonet inde.*
Esse loco stultum fit sepius utile multum.

Fein te fol multas vetz
per tems aici co·t letz;
185. mult es grantz savïeza
en locs feiner foleza.

. . . .

cortesi'e deportz.
Car temps i a de rire
190. e temps qe om consire.

II, 19. a) *Luxuriam fugito simul et vitare memento*
Crimen avaritie; nam sunt contraria fame.

b) *Tu nec avarus eris nec contra luxurieris.*
Hic infamis erit quisquis sic vivere querit.

Fol. 3. r.º
Tem, cum potz, luxuria
e blasme d'avaria.
Nulz om non es tan pros,
s'aques blasmes amdos

II, 18. b) 2. *fit sibi u.*
c) 183. *fetz.* Dann folgt unterstrichen in derselben Reihe,
also wo V. 184 stehen sollte: *mult e grant samça.* Dann in einer Zeile
allein: *P tems aici cot leç.* Hierauf: *Mult e grät s.* 186. *illocs semer f.*
187. *E conois cors es locs.* 188. *cortesia e depors.*
II. 19. b) 1. *nec esse(?) ligurieris.*
c) 191. *Tan cum pois l.* 197. *Cambedni.* 199. *luxuria et*
avaresa. 200. *tol ame procesa.*

195. *desobre si nes tol,*
   c'um no·l aia per fol;
   que ambedui te son
   contrari e no bon.
   Luxuri'et avaresa
200. *tol a ome proesa.*

II, 20. a) *Noli tu quaedam referenti credere semper.*
   Exigua est tribuenda fides qi multa locuntur.
   b) *Raro credatur cuiquam, si multa loquatur.*
   Unde relatori semper tu credere noli.

   Se aus omes parlar
   e noelas comtar,
   non credas tot co qu'aus
   sempre ni no lol laus.
205. *Mult s'en fai bon tener,*
   tro c'om sapcha s'es ver.
   Tos sens er ben maritz,
   se cre tot so c'um ditz,
   se·s torna en nïent,
210. *car pauc prez'om qui·s ment.*

II, 21. a) *Que potu peccas, ignoscere tu tibi noli;*
   Nam crimen nullum vini est, sed culpa bibentis.
   b) *Potu. commissum non debet esse remissum,*
   Nam quia potasti, plus equo turpe patrasti.

   Non voilas tan vin beure,
   qe sempre·t faza eure.
   Per fol te qui tan beu,
   qe pois li torn'a greu.
215. *Asatz a sen meschin*

II, 20. a) 1. *Noli tu quidem* (über dem *e* ein a). 2. *qi ml'ti ml'ta locuntur.*
   c) 201. *Se tu au.* 202. *enoe lascoltar.* 203. *toç co qe aus.*
   204. *sempre nilol laus.* 207. *Toç s.* 209. *Ses torna enni ent.*
II, 21. c) 212. *qe sempre te faça ybre.* 213. *P fol e qui tan b.*
   218. *mais te eis quil beus.*

4

chi·s canbïa per vin.
Ja·l vin blasmar non deus,
mais te meteis qui·l beus.

II, 22. a) *Consilium arcanum tacito comite sodali.*
Corporis auxilium medico comite fideli.

b) *Res occultande tacitis sunt participande:*
Si nolis ledi medico te crede fideli.

A ton amic privat
220. *di to conseil celat,*
e us meges fedels
ton malaveg non cels.
Greu te po conseil dar
qui no sap ton afar.
225. *Qui quer conseil e cre*
de tot zo qe·il cove,
se be·il ave pois greu,
penedre no s'en deu.

II, 23. a) *Successus indignos noli ferre moleste:*
Indulget Fortuna malis, ut ledere posit.

b) *Pravos successus noli tu ferre molestus:*
Sepe mali florent, ut post sua gaudia plorent.

Se·t ve mal'aventura,
230. *ja no·n mes grant rancura;*
c'als fols et als menbratz
venon afan asatz.
Per esmai ni per plors
nuls nols aura menors.
235. *Com plus plain e suspira,*

II, 22. a) 1. *Conscilium archanum.*
b) 1. *tacitis sut p.*
c) 221. *fedas.* 222. *ton mala via non cles.* 227. *be li a.*
II, 23. a) 1. *Successus indignos noli tu referre m.* 2. *ut posit legere.*
c) 231. *Cal fols et al menbraç.* 232. *venon asas afaiç.*
234. *nolas auars m.* 235. *C . . (2 Buchst.) p·us plain e*

ades li creis sa ira.
Cel om a grant vertut
qe zo que a perdut,
se non o fa parven,
240. se be's n'a·l cor dolen.
Trobam dels paubres santz,
qe son passat enantz,
qe anc no's cambïeron,
se ben trop s'esperderon;
245. nes se gazainz lor venc,
d'orgoil no lor sovenc.

II, 24. a) Prospice qui veniunt, hos casus esse ferendos;
Nam lenius ledit quicquid previdimus ante.

b) Est gravis eventus veniendo prospiciendus;
Nam fero iacturam lenius quam cerno futuram.

Se sabias cauzir
cho qe t'es a venir,
porrias en garar
250. e trop plus leu passar.
Non es tan leu nafratz
qui esta asesmatz.
Qui ve son dan venir
trop meils s'en pot cauxir.
255. Cel qui de loin no's gaita,
de prob l'esta sofraita.

II, 25. a) Rebus in adversis animum submittere noli:
Spem retine; spes una hominem nec morte relinquit.

b) Nemo malis cedat, ne desperatio ledat.
Omnia spes vincat nec nos quoque morte relinquat.

sup. . . . (4 Buchst.) 237. vertu 238. se ço qe a perdu.
241. sant. 242. enant. 244. trop sas perderon. 245. Nes
gaçain lor v.
II, 24 c) 249. Porria sen gara. 250. trop puls leu passar. 251. tan
ieu. 254. miels. 256. d'prob leta s.
II, 25 a) 2. Sep retine.

4*

>   *Ja en trop grant folage*
>   *non metas ton corage.*
>   *Fols es cel qe s'atur'a*
> 260.   *zo qe no'il fa fraitura.*
>   *Totz om, on plus s'enanza,*
>   *ai'ab trobs amistanza.*

. . . .
. . . .

II, 26. a) *Rem tibi quam noscis aptam dimittere noli*
>   *Fronte capilata; post haec occasio calva.*

b) *Fronte capillata bona res non sit reprobata;*
>   *Unde monent illi, quos dimissere capilli.*

> 265.   *Se ves causa c'obs t'aia*
>   *poina cossi t'escaia;*
>   *po esser pois non trobs,*
>   *can te aura grant ops.*
>   *Ja d'avol occaixon*
> 270.   *non as bona razon.*

II, 27. a) *Quod sequitur, specta, quodque imminet ante videto.*
>   *Illum imitare deum partem qui spectat utramque.*

b) *Rem precedentem rideas et cerne sequentem.*
>   *Bifrontem Janum fieri non predico vanum.*

>   *Zo qu'es anat cossira*
>   *e co qe ven albira,*
>   *e per eis to saber*
>   *ja meilz te potz valer,*
> 275.   *e faras tal semblant,*
>   *gars tras te e denant.*

---

c) 257. *folagæ.* 263. *Bonas faç son don guida.* 264. *el cab della vida.*

II, 26. a) 2. *calua erit.*

    c) 268. *cant aura gñt ops.*

II, 27. a) 1. *spectat.* 2. *patrem q. s. utrumque.*

    b) 2. *Bifrontem* . . (2 Buchst.) *nū.*

    c) 274. *ameilç pois veler.* 275. *bel sembant.* 276. *gras trasta e de rant.*

II, 29. a) *Juditium populi numquam contempseris unus.*
Ne nulli placeas, dum vis contempnere multos.
b) *Non tibi, nate, neges populo sub iudice leges.*
Fors nulli plebis multos spernendo placebis.

    Tu no voilas blasmar
    co c'aus a totz lausar.
    Que, se ben noca·t platz,
280. *si deus estar en patz,*
    Qui ditz tot son veiaire
    pot s'enemics atraire.
    Qui non garda que ditz
    ben er sos sens maritz.
285. *Fols es qui blasmar ausa*
    cho qe totz poples lausa.

II, 28. a) *Fortius ut valeas, interdum partior esto.*
Pauca voluptati debentur, plura saluti.
b) *Parcito sepe cibis sic et tu sanior ibis,*
Vultque salus multas, paucas res ipsa vvluptas.

    Si atempra ton cors
    que vivas sans e fors.
    Qui trop seg son deleg
290. *sens grat jatz en son leg.*
    Be·s deu om captener
    per salutad aver.

II, 30. a) *Sit tibi praecipue, quod primum est, cura salutis.*
Tempora ne culpes, cum sit tibi causa doloris.
b) *Prima sit in cunctis semper tibi cura salutis.*
Tempora nec flebis, si corpus forte dolebis.

    Gran cura·s deu om dar,
    que posca sans estar.

II, 29. b) 1. *neges proprio sub.*
    c) 282. *pot se enemis a.* 283. *grada.* 284. *bene so sen smariç.*
    285. *blasmer.* 286. *tot p.*
II, 28. c) 290. *ças en son leig.* 291. *Bes de om.*
II, 30. b) 2. *siforte corde d.*

295. *Cal pro ten granz avers,*
    qui l'a, ni grantz sabers,
    s'or a son cors perdut
    qui no·n aura salut?
    Tu eis sapias, se potz,
300. *que·t ajud'o qe·t notz.*

II, 31. a) *Somnia ne cures; nam mens humana, quod optat,*
    Dum vigilat, sperat, per somnum cernit id ipsum,
   b) *Sollicitus durat, frustra qui sompnia curat.*
    Nam quod homo sperat, sompnus sibi sepe revelat.

    Pel somi a l'aseran
    non consirs l'endeman;
    que paraula es vana
    qe es a greu certana.
305. *Car cho eis qe vols faire*
    t'es per somis veaire.

    Explicit liber secundus, incipit tercius.

III. praef. a) *Hoc quicumque velis carmen cognoscere lector,*
    Cum preceptum ferat, que sunt gratissima vitae,
   b) *Quisquis adesse velis et carmine discere queris,*
    Cum monitis tutis doceam precepta salutis,

    Filz, aizo q'eu t'eseing
    non metas en desdeing.
    Mult n'auras grat e laus,
310. *se retes zo qe aus,*

c) 293. *de om.* 296. *quil sa ni grant sabres.* 297. *For aura
son c. p.* 298. *saluç.* 299. *Tu sapias se poiç.* 300. *quet
auda o qet noç.*

II, 31. a) 2. *somnium*
   b) 2. *sopnū.*
   c) 301. *somi anseran.* 205. *non consir l'e.* 305. *Car cho
qe vols faire.* 306. *tei per somis v.*

III, praef. a) 2. *feras.*
   b) 1. *carmina.*
   c) 309. *gran eleus.* 310. *rete ço.* 311. *poiç.* 313. *Om. las f.*

e ti potz conseillar
cossi·t deus cabdelar.

Fol. 4. v.°
Las femnas aun espeilz,
om miron lor cabeilz,
315. *e ses oilz e sa cara*
s'i mira e s'i gara,
tota sa liadura
e s'altra garnidura,

[Hier folgen in der Hs. 4 lateinische Verse, die erst durch V. 335—342 wiedergegeben werden. Sie sind nach V. 334 eingefügt.]

et conois et enten
320. *de la ren senes sen*
cho q'esta e si mal,
can la ve altretal;
e poina multas ves,
cossi l'esti genses.
325. *Donc ve·t a to espeil,*
don potz aver conseil,
on poiras esgarar,
qe deus de te ostar.
Se·l gardas ni se·l ves . . .
330. *trobaras multas ves.*
Se las sabs ni entens,
mai ne valra tos sens
e potz ameilorar
. . . . . e ton afar.

III, 1. a) *Instrue preceptis animum, ne discere cesses.*
Nam sine doctrina vita est quasi mortis imago.

aun espeil. 314. *cabail.* 315. *oil e.* 316. *sa altra.* 319. *entem.* 322. *can la ven a.* 323. *multas ves.* 324. *gences.* 325. *Danc vet ato saspei.* 326. *poiç.* 329. *ni sel veç.* 331. *Selas sab nilaç entens,.* 333. *e poiç meilorar.* 334. *toi e ton afar.*

b) *Jnstruc iam mentem nostre rationis agentem*
Mens sine doctrina stat vite certa ruina.

335. *Garnir deus ton corage*
de sen e de barnage,
de tota savïeza
qc pertain a boneza.
Totz om qe non apren
340. *menbradia e sen*
viu cum bestïa muda,
qe pais de l'erba cruda.

III, praef. a) *Comoda multa feres, sin autem spreveris illud,*
Non me scriptorem sed te neglcxeris ipse.

b) *Quam modo si spernis, tibi maxima comoda perdis,*
Ncc carmen missum set temct negligis ipsum.

Se tu aus e retes,
totz tems te venra bes;
345. *ch'i potz aver grant dan,*
s'aizo t'es a soan.
Non mesprezaras me;
c'abantz o faras te.

III, 2. a) *Cum recte vivas, nc curcs verba malorum.*
Arbitrii non est nostri quid quisque loquatur.

b) *Si bonus es morum, nil sit tibi sermo malorum.*
Nulli scire datur, quid sepe quisque loquatur.

III, 1. c) 335. *Ganir deus con corage.* 341. *Viu cum bestia muta.*
III, praef. a) 1. *sin spreveris illud.*
b) auf a2 folgt in der Hs. b2, wobei *nec carmen* zu
lesen ist, dann der erste Vers der Vorsion b, welcher
das Dist. III 2 behandelt, wobei auf d. *S* am Anfang der
Zeile 5 unleserliche Buchstaben folgen. Hierauf folgt dann
in richtiger Orduung das oben unter b angegebene Distichon.
Doch ist in V. 2 zwischen *N* und *missum* eine Anzahl Buchstaben unleserlich.
c) 343. *rates.* 345. *Cai poiç aver grant dau.* 346. *asoau.*
III, 2. a) 2. *Arbitrii non nostri est.*

Se vols aver dreitura,
350. de mal non aias cura,
ni non aias trabaila,
qui que·s ditz o qui·s caila.
Boca parl' e t'afronta
zo que·l cors vol, e·l conta.
355. S'eis de bona raditz,
il parla ben e·l ditz.

Fol. 5. r.⁰   Si es de part de mal,
si fara altretal.
Tot zo c'ausem parlar
360. non es nostr' avisar,
ni es de nostr' albire,
qui qe·s parl' o·s cossire.

III. 3. a) *Productus testis — salva tamen ante pudorem —*
Quantumcumque potes, celato crimen amici.

b) *Cum fueris testis, non sit pudor hinc tibi pestis:*
Non debet dici per te tunc crimen amici.

Se tu vols fare prova
d'una paraula nova,
365. aquo·t castiu e dic:
Non blasmes ton amic,
si per nulla besogna
non digas ta vergonia.
Mult te potz antz garar
370. qe pois non poiras far.
Tu non as poder mia,
pois es paraula audia,

---

c) 351. *Ninos aias.* 352. *quis díç.* 354. *vol cmta.* 355. *Sex.*
357. *Si es de pare de mal.*
III, 3. a) 1. *podorem.*
b) 1. Vor *sit* 2 unleserliche Buchstaben.
c) 364. *de una.* 366. *non blas ton a.* 369. *te poi anç.*
370. *pomis far.* 373. *celeda.* 377. *conotmas daltrui.*
378. *e no sabras de cui.*

que sia pois celada,
pois tu l'auras parlada.
375. *Set tu no vols aver*
de ti meteis poder,
com o auras d'altrui,
se no sabras de cui?

III, 4. a) *Sermones blandos blesosque cavere memento.*
Simplicitas veri fama est, fraus ficta loquendi.

b) *Sunt bene vitandi sermones undique blandi.*
Sub specie veri nos fallunt sepe severi.

Omes i a moisos,
380. *qe an belas rasos*
et ab lor gent parlar
sabon autr'enganar.
Totz tems a mais de frau
om que parla soau.
385. *Del flum grant non corent*
potz prenre csïent.
Qe·l gorcs hi es plus caus,
lai on es plus soaus.
L'aiga maior . . . . . . ,
390. *on la ves rabineza.*
Greu pot om cor saber
d'ome que non ditz ver.
Om q'es suaus e quetz
sab tolre ad autre pretz
395. *e garar de son plait*
et en dit et en fait.

III, 4. a) 1. *plesosq*; 2. *est ficta loquēdi frau'.* ⎱ a u. *b* stehen fälsch-
  b)   ⎰ lich hinter V. 382.
c) 379. *mosos.* 382. *s. autre enganar.* 386. *poi pēnre e.*
388. *Cai ñ es p. s.* 389. *Laiga maior suñça.* 390. *on la*
veç rabineç. (1 Buchst.). 391. *greu poi.* 392. *diç.* (1 Buchst.)
er. 393. *Ome qe suau e queiç.* 394. *sab tolre adau . . .*
(2—3 Buchst.) *pç.* 399. *bien.* 401. *somas̲auçir.* 402. *sel*

Q'el gazain'ab altrui,
e om fort greu ab lui.
Qu'el se sap ben garar
400. et autre enganar.
No vol so mal auzir;
se·ll au, sab lo cobrir.
Chi ab me·s n'aconsellu,
ab lui no s'apareilla.
405. Se saps ome moison,
tu l'aias breu razon.
Non voilas tàn parlar,
qe sapcha ton afar,
ni·l corage lo teu
410. plus qe tu fais lo seu;
q'el so·l ten a gazain,
se t'au parlar ton dan.

III, 5. a) Segnitiem fugito que vite ignavia fertur.

Fol. 5. v.º Nam cum animus languet, consumit inercia corpus.

b) Segnities linquat, ne nos ignavia vincat.
Cum mens languescit, caro tunc defecta pigrescit.

Per zo aias trebaila
qe non aias nualia;
415. que greu er om ja pros,
què trop es nuailos.
Cum plus om vol scezer.
o mais o vol tener.
Co·l cors se vanezis,
420. e·l corages languis.
Qui trop son cors sojorna,
plus nuailos s'en torna.
Cel qe·s met en perfors,

lau sab lob crobrir. 405. omo moison. 409. cor. ton teu.
410. faiç.

III. 5. c) 413. Paiço. 416. trop es n. 417. scecer. 424. ne val
mais socors. 425. E poi s. a. 426. on mais entra dafan.

> *trop ne val mais sos cors,*
425. *e pot sofrir afan,*
> *on mais entra denan.*
> *Trop fa meils l'ambaisat,*
> *on plus l'auras vezat.*

III, 6. a) *Interpone tuis interdum gaudia curis,*
> *Ut possis animo quem vis sufferre laborem.*

b) *Gaudia sepe tuis debes adiungere curis.*
> *Sic superare datur, siquid fortuna minatur.*

> *Se as grant consirer,*
430. *ira o destorber,*
> *poina cum te gauziscas.*
> *qe plus leu en sufriscas.*
> *Car qui sab esgauzir,*
> *plus leu l'en pot sufrir.*

III. 7. a) *Alterius factum aut dictum ne carpseris unquam,*
> *Exemplo simili ne te derideat alter.*

b) *Nullum dicentem reprendas vel facientem,*
> *Ne similes risus aliis sis reddere visus.*

435. *Se·l ven ira o rancura*
> *o cals qe aventura,*
> *zo qe d'autre auzist*
> *non digas tu fezist;*
> *c'a tot ome n'es lag*
440. *qe suiscep l'altru fag.*
> *Escarnis l'en qui l'au*
> *a present o sou.*
> *Asatz esta genses,*
> *c'um cal zo q'altre fes,*

III, 6. c) 434. *poi.*
III, 7. b) 2. Zwischen *sis* und *visus* Raum für 4 Buchstaben.
> c) 439. *lait.* 443. *gençeiç.* 444. *cù cal ço qe le faç.*
> 448. *set qerns not f. p.*

445. *qe can se meteis lausa*
 de co qe far non ausa.
 Non a tos pretz valor,
 s'esqerns no't fa paor.

III, 8. a) *Quod tibi sors dederit tabulis suprema notato.*
 Augendo serva, ne sis quem fama loquatur.
 b) *Mortis sorte datum tabulis sit, queso, notatum,*
 Et serves auctum, ne cantet fama retractum.

 Set ven bon' aventura
450. *non escas de mesura,*
 antz rete e gazaina
 per cho qe n·ot sofraina.

Hier setzt das zweite Fragment von M ein, das wir
jetzt zur Vergleichung neben den hier nach beiden Hs. her-
gestellten Text setzen. Die Abweichungen der Berliner Hs.
werden auch weiterhin unten angegeben.

Cel qui a decazensa	*Cel que a decaenza*
a longa penedensa,	*a longa penedenza,*
car el non tenc plus car	455. . . . . *non teg plus car*
zo qe poc gazainar.	*zo que poq gazainar.*
Asatz a grant besoina	*Assatz a gran besonna*
cui auci fams e roina,	*cui auci fams e roina,*
Fol. 6. r⁰. *eno l'en val afanz,*	*e no·il ne val affanz,*
canc fezes paucs ni granz	460. *qu'anc fezes paucs .. an*
e a·nn um decazeig	*et a n'om decazeg*
per eis lo seu neleig.	*per eis lo seu neleig.*

III, 9. a) *Cum tibi divitie superant in fine senectae,*
 Munificus, facito, rivas, non parcus amicis.
 b) *In senio dives cum parvo tempore vives,*
 Multis multa dabis nec amicis plura negabis.

III, 8. a) 1. *tabulis sup notato.*
 b) 2. *fama teraictum.*
 c) 453. *Cel quia caçensa.* 454. *penetensa.* 459. *val atanç.*

Vas fin de ta reileza	A fin de ta relleza
non aias cobeseza,	non aias cobeeza,
de grant aver no·t carcs, 465.	de gran aver not carcs,
e, se l'as, viu ne larcs	e, se l'as, viu ne larcs;
e, s'ist d'aver fort rics,⎫ ⎰ M	e, s'ist d'aver fort rics,
fai ben a tos amics.⎭	fai ben a tos amics.
Se·l saps, no·l potz usar,	Se sabs, nol . . . z usar,
non aias nom d'avar.	non aias nom d'avar.

III. 10. a) *Utile consilium dominus ne despice servi.*
　　　Nullius sensum, si prodest tempseris umquam.
　　b) *Non sit neglecta servi sententia recta,*
　　　Nec contempnatur tibi qui bene consiliatur.

Se as en ta maixo	Se as en ta maizo
avol servent o pro,	470. avol sirrent o pro,
non esgars la persona,	non esgartz la persona,
se bon conseil te dona.	se bon conseil ti dona,
Se s'es fols o maritz	ses es fols o maritz
e bon conseil te diz,	e bon cosseil ti ditz.
non deus ges mesprezar 475.	No deu ges mesprezar
lo sen qe·l aus parlar.	lo sens qui l'au parlar.
Antz escolt' et apren,	anz escolta et apren,
se·ll aus dizer bon sen.	sell aus dizer bo sen.
Aqel qe sap triar	Aquel ben sab triar
lo duls fruiy de l'amar, 480.	lo dolz fruiz del amar.
l'ai per fol, si pois toca	Lei per foll . . puis toca
ja l'amar a la boca.	ja l'amars a la bocha.

III, 11. a) *Rebus et in censu, si non est quod fuit ante,*
　　　Fac vivas contemptus eo quod tempora prebent.

　　III, 9. c) 466. *e sal as.* V. 466 a. u. b. sind aus M. entnommen,
　　　　sie fehlen in T. 467. *poiç usar.*
　　III, 10 a) 2. *contempseris.*
　　　　b) 2. *sibi.*
　　　　c) 469. *maixon.* 470. *o bon.* 473. *Ses fols.* 477. *escolta et.*
　　　　478. *sel laus dir bonsen.* 480. *dalamar.*
　　III, 11. a) 1. *R. et in densu.* 2. *plebent.*

b) *Pauperior census non sit turbacio sensus.*
   Set sis contentus, si confert omnia tempus.

Se non as tan d'aver	*Se non as tan d'aver*
cum solias aver,	*que solias aver,*
ben leu l'auras perdut	485. *be leu l'auras perdut*
o l'auras despendut.	*o l'auras despendut,*
Onradament despent,	*onradament despent* '
segon qe·l temps te rent.	*segun zo quel temps rent.*
Ja no·t laises cazer,	*Ja no·t laisses cader*
tant cum auras poder.	490. *tan co poiras tener.*
Segon c'um te veira,	*Segon c'om te veira*
segon zo·t prezara.	*segon zot prezara;*
Ja per aco non trix,	*ja per aco not tricz,*
se vols aver amix,	*se vols aver amics,*
qe no fazas cum pros,	495. *que no fazas que pros,*
si cum potz, per sazos,	*si co potz, per sazuns,*
per o si que t'aon,	*per zo dig que t'aün,*
qe folz es qui·s cofon.	*que folz es quis cofun.*

III, 12. a) *Uxorem fuge ne ducas sub nomine dotis,*
   Ne retinere velis, si ceperit esse molesta.

b) *Non tribuat votis uxorem copia dotis,*
   Ne disjungaris ab ea, si forte gravaris.

Ja non prendas moiler	*Ja non prengas muller*
per cobeitat d'aver;	500. *per cobeitat d'aver,*
qe tost er despendutz,	*que tost er despendlut*
qui mais non i adutz.	. . . .
F.6.v⁰. *Tot len te deus pensar,*	Das Weitere fehlt bis V.516.
co·t poscas cabdelar;	
qe messïos es granz	505.

---

b) 2. *Set sis contemptus.*
c) 489. *Ja non te laises c.* 491. *Segon cu te v.* 492. *segon ço te p.* 494. *amicx.* 496. *poiç.*
III, 12. a) 2. *retine v.*
c) 500. *per cobeiça d'aver.* 506. *enfanç.* 508. *volms plus gententeñ.*

la moiler ab enfanz.
S'aportet grant aver,
vol s'en plus gen tener.
Se no es bos sos sens,
retraira·t tos parens,   510.
e si·n fara orgoil,
si sap c'om lo acoil.

III, 13. a) *Multorum disce exemplo, quae facta sequaris.*
     Que fugias; vita est nobis aliena magistra.

    b) *Ex aliis discas, quid agas bene quidve remittas;*
     Namque ad vivendum sic est exemplar habendum.

Se no·t saps cabdelar,
si·t dirai qe deus far:
veras autres baros   515.
qe son tengut per pros.   . . . *que om te per pros*
escolta qe dirau   *escolta que dirau*
e veias qe farau.   *e ve zo que farau;*
Potz t'en es espeilar,   *potz t'en elz espellar*
co fazas ton afar.   520. *quan ven a ton afar;*
Noi a meilor espeil   *no i a mellur espeil*
qe qui a bon conseil.   *que qui cre bon cosseil.*
Aten t'a l'altru vida,   *Aten t'a l'altrui vida*
d'achel qe meils se guida. *d'aquel que mal se guida.*
Pelz altres potz saber, } aus M. *Pelz altres potz saber*
coment deus mantener }   *coment deus mantener.*

III, 14. a) *Quod potes id temptato, operis ne pondere pressus*
     Subcumbat labor et frustra temptatu relinquas.

    b) *Tractet opus secum iuvenis vel viribus equum:*
     Defecisse vides nimio sub pondere vires.

III. 13. b) 1. *bene quid r.* 2. *vivendum tibi sic est e. h.*
    c) 513. *Set not.* 515. *Veras des autres barons.* 516. *ten-*
    gunt. 518. *farao.* 519. *Poiç ten eç e.* 520. *faça ton.*
    524. *daches qe miels se g.* 524 a u. b fehlen in T.
III, 14. a) V. 1. u. 2. sind vertauscht. 2. *Sub cubat l.*

No voilas comenzar
obra que non potz far;
que perdras ton trabail,
se tos poders t'i fail.
Ben a obs membramentz,
antz q'om la ren comentz,
qu'i perpes e consir,
mentre s'en pot gequir,
sa forz 'e son poder
e d'amics e d'aver.
Qui tal obra comenza,
e puis non a valenza
qe la posca finar
si la·il er a laixar,
c·l trabailz ert perdutz
e l'avers despendutz.

525. No vullas comenzar
obra que non potz far,
que perdras ton trebail,
se tos poders ti fail.
Ben a ops membramenz,
530. anz qu'om la re comenz,
que perpes e cossir,
antre s'en pot giquir,
sa forza e sun poder
e d'amix e d'aver.
535. Qui tal obra comenza
que puis noil a valenza
que la posca finar,
si laill er a laissar,
el trebailz er perdutz
540. e l'avers despendutz. •

III, 15. a) *Quod nosti factum non recte noli scileri,*
Ne videare malos imitari velle tacendo.

b) *Si mihi tu credis, numquam male facta silebis;*
Nam quod quis celat, se consentire revelat.

Se ves un grant tort far
ja no·l voilas caillar,
qe non sia veiaire
qe tu sias confraire.
Orgoill deu esquivar
totz pros om, se·l ve far.
Zo qu'acuil en altrui⎫
pot tornar sobre lui.⎭ aus M.
D'orgoil mals eis ancse

Se ves un gran tort far
ja no·l vullas callar,
que non sia veiaire
que ne sias cofraire.
545. Orguil deu esquivar
totz pros om sel ve far.
Zo qu'acuil en altrui
pot tornar sobre lui.
D'orguil eis mals ancse,

---

c) 526. *poso far.* 528. *Se tos podres ti fal.* 530. *anç qe.*
532. *poi gequir.* 534. *edamis.* 539. *trabail ert.* 540. *elauer*
despenduz.
III, 15. b) 2. *celat* . . . . (4. Bnchst.) *sentire.*
c) 544. *sias son c.* 546. *ves far.* 547. *eis ase.* 549. *confun.*

e non anc ges de be;
car tot lo plus cofon
d'aco qe es e·l mon.
Sobr'altres totz peccatz
es d'orgoil la viltatz:
car en moltas sazos
ven as mals et as bos,
Fol. 7.
r°. als uns per lor boneza,
as autres per foleza.
Orgoilz e focs qe art
son d'un gein e d'un'art:
Focs, tan cum sotz te·l tes,
fai servizis e bes,
car el te rent calor,
pois lum e grant splendor;

e non anc res de ben,
quar tot lo plus cofun
550. d'aco qu'es en est mun,
sobr'altres totz peccatz
es d'orguil la viltatz,
quar e moltas sazos
ven elz mals et elz bos,
555. alz us per lor boneza
elz altres per folleza.
Orguilz es fucs que art
so d'un gien e d'una art,
pois tant co sotz til tes
560. fai servizis e bens,
car . . . . . .
Hier bricht M ab.

pois d'el perdras poder,
te e tot ton aver
565. ardri 'e deliria,
s'acossegre·l podia.
Mais tant aut non va·l fums
ni la calors ni·l lums,
non torn altretant bas
570. o corent o a pas.
Non at tan de calor,
non perga sa valor.
Can f'a tot afolat
e co qe a trobat,
575. puis si mor e s'atuda
e torna en belluga.
Altresi va d'orgoil,
aitan cum om l'acoil,

---

552. es dorgoil sa poestas. 553. car mi' saços. 554. vens
as m. 557. orgoil e focs. 559. Focs aitan cum soç tel tes.
560. fait. 561. Car el arent. 562. lum e rant spledor.
565. ardria e. 567. va fums. 568. ni lums. 573. Cant

on plus pot, leva alt
580. e fai penre tal salt
qe torna en nïent,
cum lo fums contra·l vent.
On plus alt poia sus,
on plus bas torna jus.
585. Pois tan grant mal d'el eis,
bens es qe om s'en fleis.
Qe pois eis de mesura,
greu part senes rancura.
Qui non s'en sap garar.
590. tal re·i fa comenzar,
qe no la pot fenir
ni·n pot a l'uis eissir.
Fils, se d'orgoil no·t gies,
no seras mos amics.

III, 16. a) *Judicis auxilium sub iniquo teste rogato.*
Ipse etiam leges cupiunt, ut iure regantur.

b) *Judice sis tutus, sub iniqua lege statutus;*
Nam sub iure regi placet omni tempore legi.

595. S'om testa am aguait
qe·t voila metr'en plait,
juges preg'e semon,
q'en digon la raxon.
Qe les anzanas legs
600. volun, c'um diga dregs.
Totz om qe s'acosseila
ni ab sen s'apareila,

---

arot a. 579. on plus poi. 582. cum la plus contral v.
585. tan grant mal. 586. fles. 592. non poi a luis e.
593. gis. 594. amis.

III, 16. a) 2. cupiũt u iure. ⎱ a und b stehen fälschlich erst hinter
b)　　　　　　　　⎰ V. 596.
c) 595. Son tesca m aguait. 597. prega e. 599. leis.

fa trop mels sa facenda
e, se·i fal, si·s n'emenda.

605. *Petz fai qui trop razona*
qe cel qui mot no sona,
et ara e totz tems
torn' a greu cho q'es nems.

III, 17. a) *Quod merito pateris, patienter ferre memento.*
Cumque reus tibi sis, ipsum te iudice dampna.

b) *Omne tuum semper meritum fer compatienter,*
Cumque reus constes, non te sine crimine monstres.

Si per dreg es navratz,
610. *sofrir lo deus en patz.*
Tu eis te deus jugar,
se fols fais ton afar.
Ben deu esser tos dans,
s'en eis tot tort fais clams. .

Fol. 7. v.⁰   615. *Qui per son tort se clama,*
dreigs es, si no·n gazana.
Ja, fils, per ton forfait.
se potz, non ans a plait.

III, 18. a) *Multa legas facito, perlectis perlege multa;*
Nam miranda canunt sed non credenda poetae.

b) *Fac ut multa legas et ibidem sedulo degas.*
Sed ne vera petas fari sed miru poetas.

Escripturas apren,
620. *leg leis e las enten;*

---

600. *volunt cū diga dries.* 601. *acossela.* 605. *Ptic fai*
607. *temps.* 608. *torna grau cho qes nens.*
III, 17. b) 1. *Ome tum semp.*
c) 610. *sofrir deus en paç.* 611. *te di iugar.* 612. *se fols*
fai t. a. 613. *Ben de esser.* 614. *sineis tot tort fai c.*
616. *dreig ē sinos g.* 617. *Tafils.* 618. *se poi non anç a p.*
III, 18. a) 1. *fatito.*
c) 619. *Scripturas a.* 620. *les leis e l. e.* 622. *a qet pos.*

c'aqui poiras trobar,
a qe·t potz asenar.
Escrisero·il primeir,
qe·l saubesso·il dereir,
625. lor natur' e lor vida,
la qual il an seguida.
Qualqe sen o figura
mostra qui a 'scriptura;
mas volgron las cobrir
630. per paor de vilzir.
Vil serion tengudas,
s'eron per totz saubudas.
No las degra saber
qui no las vol tener.
635. Per cho totz om membratz,
pos fort n'ert essenatz,
no·s n'enog ni·s ne lais,
e valra·n ancse mais.

III, 19. a) *Inter convivas fac sis sermone modestus,*
Ne dicare loquax, dum vis urbanus haberi.

b) *Dum cumvivaris videas ne multa loquaris,*
Distat ab urbanis vir garulitatis inanis.

Mentre ses al mangar,
640. no voilas trop parlar.
Des convivens paraula
es trop parlar a taula.
Fols es c'a boca plena
ja de parlar se pena.
645. Se vols esser cortes,
ops t'a, sias apres,
e ben en ton parlar

---

623. *primer.* 624. *qel saubes il d.* 625. *natura e.*
626. *qual il an s.* 638. *ase mais.*
III, 19. c) 639. *Mentre ses al mançar.* 641. *paraola.* 643. *Fol es.*

de zo·t sapias garar,
non digas ja folia
650. ni ren qe·t malestia.

III, 20. a) Coniugis irate noli tu verba timere;
Nam lacrimis struit insidias, cum femina plorat.

b) Nil tibi curetur, si coniugis ira minetur.
Femina dum plorat, hominem superare laborat.

Se ta moiler s'irais,
no·t liures a pantais.
Multas vetz fa semblan
co don non a talan,
655. et ab ris et ab plor
sap traïr so seignor.
Qe, can la ves plorar,
donc te vol enganar.
Fenjera tal falseza
660. don tu auras greveza.

III, 21. a) Utere quesitis, set ne videaris abuti.
Qui sua consumunt, cum dest, aliena secuntur.

b) Sit tibi sic usus rerum ne fiat abusus.
Fol. 8. r.º Qui sua demergunt, hi post extranea pergunt.

Co c'auras gazainat
despen gen e membrat,
segon q'es l'aventura,
e tu seg ta mesura.

646. op ra s. a. 648. te sapias garar (de zo ist ergänzt).
650. ni ren qe te malstia.
III, 20. b) 1. sci coniugis.
c) 652. ñ te laus apantais. 653. Multa ves fan sem blan.
654. an talan. 655. ris ab plor. 660. don tu . . . .
(4 Buchst.) gr.
III, 21. a) 2. d'eest.
b) 1. Sit tibi sit u. 2. hii p' ex.
c) 663. segon qesta aventura. 666. vols . . s . . (5 Buch-

665. *Ma, se per ton folage*
vols eisir del lignage,
aco c'as en maixon
no·t dizera de non.
Ma se torn' a failir,
670. *a l'altru t'er ad ir.*
Penras lo trop plus greu,
non fazias lo teu.
Meils fas ta voluntat
del teu endomengat,
675. *qe de co ton compaire,*
ne si ben, s'es ton fraire.
Per co ditz om a l'oste
que meils val meu que nostre.

III, 22. a) *Fac tibi proponas mortem non esse timendam.*
Que bona si non est, finis tamen illa malorum est.

b) *Nate, timere mori plena formidine noli.*
Mors mala nos tollit, set et hec mala nostra resolvit.

Ja no me desconort,
680. *per temenza de mort.*
Greus es lo sos fuirs

. . . .

Per o fenis lo mal
del segle corporal.

III, 23. a) *Uxoris linguam, si frugi est, fere memento.*
Namque malum est non velle pati nec posse tacere.

---

staben, wovon der dritte *s) del lignaie.* 676. *nes si
bien ses t. f.* 678. *miels val meu qe nostre.*
III, 22. a) 1. *pro penis mortem esse non t.*
b) 1. *mori pene f.* 2. *tollet.*
c) 681. *Greu ses lo.* (1 Buchst.) *so fuir.* 682. Der Raum
für den Vers ist leer.
III, 23. a) 1. *frui ē.*

b) *Uxoris linguam, si prodest, cur ego linquam?*
Namque pati nescit vir stultus nec reticescit.

685. *Can auras moiler presa,*
t'aura ops grantz franchesa
e grantz pretz e grantz sens
e grantz captenimens.
Qe, s'es pros ni s'es mala,
690. *s'ela conten, tu cala.*
Mals es qui no·s sosten
ni calla, can coven.
Tot coven a sofrir
co c'um non pot gequir.

III, 24. a) *Dilige non egra caros pietate parentes,*
Nec matrem offendas, dum vis bonus esse parenti.

b) *Esto pius vere super his qui te genuere.*
Ne noceas matrem, nisi vis offendere patrem.

695. *Se tu vols esser bos,*
amaras tos pairos.
Qe se amas ta maire,
grat t'en sabra tos paire.
Il no·t sabra ja grat,
700. *se fas ton pair' irat.*
Ama los e·lz te car,
qe totz om o deu far.
Qe eis Deus o comanda,
et es fezeltatz granda.

---

b) 2. *nec* . . . . . . (9 Buchstaben).
c) 685. *prisa.* 686. *grant franchisa.* 687. *e grant p̄ç e grant senç.* 688. *egrant capteni menç.* 689. *ni es m.* 691. *no sosten.* 692. *eñ.* 694. *co cū n̄ gequir.*

III, 24. b) *superbis.*
c) 698. *tan sebra.* 699. *Ne not.* 700. *ton paure irat.* 704. *feçeltas.*

IV, praef. a) *Securam quicumque cupis deducere vitam*
Nec vitiis herere animum que moribus obsunt, ...

b) *Vitam securam qui vis et crimine puram*

Fol. 8v°. *Et qui sinceris te moribus addere queris, ...*

705. *Se vols vida secura*
menar senes rancura,
aizo que as auzit
non metas en oblit,
e, se te vols atendre,

710. *poiras i molt aprenre*
e potz asatz trobar,
en qe·t potz esseinar,
cossi·t gars de foleza,
que mult notz a proeza.

IV, 1. a) *Despice divitias, si vis animo esse beatus.*
Quas qui suspiciunt, mendicant semper avari.

b) *Absit ditari qui se vult mente beari.*
Dives macrescit, quanto plus copia crescit.

715. *Ja tos cors non estia*
en trop grant manentia.
Greu pot aver boneza
qui a grant cobezeza.
Cel qui es trop avars

720. *greu er ad ome cars.*
Om avars, on mais a,
on plus car o tenra.

IV, praef. a) 2. *Hec v. here a͞iu queq; moribus ob͞s.*
b) 1. *quiuis crimine.*
c) 707. *aico cas.* 711. *Epoças* . . (Raum f. 2 Buchst.)
trobar. 712. *poiç.* 713. *cossit gar d'foles͵a.* 714. *noç*
aproça.

IV, 1. a) 2. *supi͞ut.*
c) 717. *poi.* 719. *avar.* 720. *car.* 721. *avar.*

Cel qui a mais d'aver
plus car lo vol tener.

Es folgt die Uebersetzung von Distichon IV, 2* ohne
Anführung der lateinischen Verse.

725. *Se estas sazïos*
 de qu'es totz aonos,
 potz assatz ajustar
 e·n potz plus leu passar.
 . . . . . *son per sazos*
730. *vendemias e meisos,*
 deus esser consiros,
 mentre qe n'es sazos.
 Pois qecs n'aura sa part
 . . . . . *qu'i venras tart.*

IV, 3. a) *Cum sis incautus nec rem ratione gubernes,*
 Noli Fortunam, que non est, dicere cecam.

 b) *Si male rem servas, si perdis rursus acervas,*
 Fortune veras nequeas offerre querelas;

735. *Se non saps ta maison*
 cabdelar per raison
 e per ton failimen
 torn'en decazimen,
 non dicas c'aventura
740. *te foss seca ni dura.*

---

*) a) *Commoda naturae nullo tibi tempore derunt,*
  Si contentus eo fueris quod postulat usus.
 b) *Qui non curaret plus quam natura rogaret,*
  Dives sic esset, quod res sibi nulla deesset.

IV, 1. c) 725. *Se eras saçions.* 726. *aonoç.* 727. *Pois.* 728. *e plus.*
 729. *Ca anç son.* 733. *qes.* 734. *tirai quiuenras tart.*

IV, 3. a) 1. *rē rŏe.* 2. *N. l. fortunam.*
 b) Die ersten Hälften beider Verse kaum kenntlich.
 c) 738. *decaçiment.* 739. *dacas.* 740. *te fols seca.*

IV, 4. a) *Dilige denarium, sed parce dilige formam,*
Quem nemo sanctus nec honestus optat habere.

b) *Pro specie nullum set pro re dilige nummum,*
Quem nec adunavit sapiens nec honestus amavit.

Ben gazaina·ls diners,
can poiras, volenters;
ama los e ten car,
tro·n fazas ton afar.

745. *Mais per lor bel tener*
ja no·ls voilas aver.
Mais te val lein e foc
ton coltel en un loc.

IV, 5. a) *Cum fueris locuples, corpus curare memento.*
Eger dives habet nummos, set non habet se ipsum.
b) *Cum locupletus eris, corpus curare studebis.*

Unten am Rande: *Si male.*

Hier bricht das Fragment ab.

IV, 4. a) 2. *Quam n. scs n̈ honestus opta h.*
b) 1. *Pro sp̄e.* 2. *Q.* (1 Buchst.)*nec a vir s.*
c) 741. *B.*(1 B.)*n gaç.*(1 B.)*inals d.* 742. *volentres.*
744. *tro qen faças ton afair.* 745. *M.*(1 B.)*is.*
746. *Ja nol v.*

Anmerkungen.

M 1. Das übersetzte Distichon lautet:

Noli homines blando nimium sermone probare:
Fistula dulce canit, volucrem dum decipit auceps.

2. *engainar* oder *enginnar?* Das Facsimile lässt es nicht erkennen. In M kommt das Wort sonst nicht vor. T hat *engainar* oder *enganar*, *enganz* im Reim mit *afanz*, was jedoch für unsere Stelle nicht massgebend ist. Vielleicht sind auch *engainar (enganar)* und *enginnar* zwei ganz verschiedene Worte. Jedenfalls können sie neben einander vorkommen, wenigstens in der heutigen Sprache des Languedoc (vgl. Mistral).

3. Noch ist der Autor nicht in das Bild übergegangen: „alles ist ihm gut und recht," d. h. er findet alles schön, was er den andern sagen hört.

4. Auffallend ist das plötzliche Überspringen in das Bild: „bis er nahe bei dem Vogel ist."

5. Das Wort *bres*, welches in den Text eingeführt ist, findet sich schon im Donatz 50,21 als *lignum fixum propter aves*, bei Raynouard als *„piège"* und *„pipèe"*, bei Mistral als *„pincette à bois sur laquelle viennent se poser les petits oiseaux, à la chasse a la chouette; chasse à la pipèe; piège"*, bei Boucoiran (Dictionn. des idiomes méridionaux) in der Form *brets* als *„piège à petits oiseaux, chasse à la pipèe, à l'appeau"*. Es scheint demnach, dass man im Altprovenzalischen mit *bres* zugleich die Falle oder Schlinge und die Lockpfeife bezeichnete, die natürlich stets zugleich angewendet wurden. Jedenfalls

geht aus dem „*fistula*" des Originals hervor, dass unser
Dichter bei *bres* nicht nur an die Falle sondern auch an
die Lockpfeife denkt. So bekommen durch die obige
Korrektur die beiden letzten Verse einen ganz guten Sinn.
Dass das Wort ¦vor *bres* anders als *adesa* gelautet haben
sollte, ist nicht wahrscheinlich, man könnte an *adoba* denken,
doch ist jenes wohl der Bedeutung wegen vorzuziehen.

6. Über '*quel* vgl. Gramm. Bem. IIa. 10.

7. Das übersetzte Distichon lautet:

Cum tibi sint nati nec opes, tunc artibus illos
Instrue, quo possint inopem defendere vitam.

8. Meyers Konjektur würde einen Gedanken herstellen,
der im Original nicht enthalten ist. Daher wird nicht *tro*
qels sondern, ¦wie Herr Prof. Gröber vorschlägt, *que be·ls*
zu lesen sein.

10. Ein anderes Verb, dessen Konj. Präs. auf *ueiro*
ausgeht, als ein Kompositum von *querre* wird sich schwerlich
finden lassen. Daher ist die Konjektur von Thomas (s.
Meyers Anm.) angenommen. Es fehlt in der Version dieses
Distichons der Gedanke, dass die Kinder wegen der Armut
der Eltern zum selbständigen Broderwerb gezwungen sind.

11. Distichon I, 29:

Quod vile est, carum, quod carum, vile putato:
Sic tu nec cupidus nec avarus nosceris ulli.

Herr Prof. Gröber weist darauf hin, dass das Tempus
tenias ungewöhnlich ist. Es handelt sich gar nicht um einen
irrealen Konditionalsatz. Vielleicht darf man annehmen,
dass hier eine zweite Pers. Sg. ohne *s* gebildet und zu
lesen ist: *tes ni as*. Dann wäre der Sinn: „wenn du fest-
hältst und wert achtest, was du verachten siehst, und es
von dir giebst, wenn Mangel daran ist, so halte ich es nicht
für Geiz, noch wird es als Habgier erscheinen" u. s. w.

15. Man erwartet ein Futurum. Aber Meyers Lesart
ja no·t er a. wird schwerlich den Sinn haben können: „wird

es dir nicht als Geiz angerechnet werden", und diesen
Gedanken erfordert doch der Zusammenhang unseres Gedichtes
wie der Sinn des Originals. Daher ist auf Herrn Prof. Gröbers
Vorschlag *no·l tenc* eingesetzt.

22. Das Facsimile erlaubt, wie Herr Prof. Gröber
bemerkt, *fa* zu lesen (vergl. das *a* in *avar* 25, *altrui* 30,
demanda 43, *mais* 68). Dann ist dieser Vers als direkte
Rede eines dritten zu verstehen: „Er zeigt grosse Habgier." — Mit den ersten 6 Versen war der Inhalt des
Originals erschöpft. Das Folgende ist eine breite Nutzanwendung. Vgl. die Wiederholung in V. 23/4 und V. 13/4.

29. Distichon I, 30:
Quae culpare soles, ea tu ne feceris ipse:
Turpe est doctori, cum culpa redarguit ipsum.

33. Distichon I, 31:
Quod iustum est petito vel quod videatur honestum;
Nam stultum petere est, quod possit iure negari.

34. Die Konjektur von Herrn Prof. Gröber: *o qu'es*
entspricht genauer dem Sinne des Originals als Meyers
Lesart *que es*; denn auch dieses wendet die disjunktive
Partikel an, um das Geziemende dem Rechtmässigen gegenüber zu stellen.

36. *fadiar se* bedeutet: „sein Ziel verfehlen." s. Rayn.

38. Die Hs. hat *dreiz*, es muss natürlich der cas. obl.
eingesetzt werden. Vgl. dazu den Abschn. über Schreibung
der Berl. Hs. und Gramm. Bemerk. I, 1.

42. Vgl. den Reim 192, und oben den Abschn. über Reim.
Mit V. 33-38 ist der Inhalt des Originals erschöpft, die
folgenden 6 Verse geben nur dasselbe in etwas andern
Ausdrücken.

45. Distichon I, 32:
Ignotum tibi tu noli praeponere notis;
Cognita iudicio constant, incognita casu.

46. Das Pron. refl. könnte fehlen. *mercandejar* bedeutet schon allein: „Handel treiben“.

50. *ataïnar se* bedeutet meist „sich beunruhigen“ (s. Levy), man erwartet hier einen concreteren Ausdruck.

51. *estar a dreih* „vor Gericht Rede stehen“; noch nfr. *ester a droit* in der Rechtssprache (Littré unter *ester*), so auch altprovenzalisch (s. Rayn.).

52. *zo* „in Bezug auf das, worum er dich geschädigt hat“. Die Übersetzung ist sehr breit, entfernt sich auch zum Teil von den Gedanken des Originals. Man sucht sich doch einen Genossen nicht bloss zum Zweck des Handels, wie der Übersetzer annimmt; denn *mercandejar* wird sich schwerlich in einer andern Bedeutung als der oben angegebenen belegen lassen. — Der Sinn der prov. Verse ist: „Wenn du einen Genossen suchst und Handel treiben willst, d. h. um Handel zu treiben, setze nicht hintan deinen Bekannten zu Gunsten eines Fremden; denn wenn dir dein Nachbar etwas thut, was dich in Unruhe versetzt, wird er dir vor Gericht Rede stehen für das, worum er dich geschädigt hat. Der Fremde wird (in diesem Fall) fort gehen, wird behalten, was er hat, und du kommst in Gefahr, wenn du dich an ihm rächst“.

57. Distichon I, 33:

Cum dubia in certis versetur vita periclis,
Pro lucro tibi pone diem quocumque laboras.

Die Version ist wieder ziemlich frei. Die Schattenseiten des Lebens werden in 2 besonderen Versen hervorgehoben. Als besonders wertvoll wird hier nicht jeder Tag, den man in seiner geregelten Arbeit verbringt, bezeichnet, sondern jeder, der ohne Schaden verläuft.

65. Distichon I, 34:

Vincere cum possis, interdum cede sodali;
Obsequio quoniam dulces retinentur amici.

Die Version ist breit, übergeht aber das „*vincere cum possis*". Was V. 71—74 enthielten, kann man nicht erraten.

75. Hier war augenscheinlich der Anfang der Version von Distichon I, 35:

Ne dubites, cum magna petas, impendere parva,
His etenim rebus conjungit gratia caros.

79—82 mag die Version von Distichon I, 36 umfasst haben, das vom Zank zwischen Freunden handelt.

83. Hier scheint die Übersetzung von Distichon I, 37 zu beginnen:

Servorum ob culpam cum te dolor urget ad iram,
Ipse tibi moderare, tuis ut parcere possis.

89. Es folgt die Übersetzung von Distichon I, 38:

Quem superare potes, interdum vince ferendo;
Maxima enim morum est semper patientia virtus.

100. Die hier fehlenden Verse behandelten Dist. I, 39, das zur Arbeitsamkeit auch nach dem Erfolge rät. Darauf folgte die Übersetzung von Dist. I, 40:

Dapsilis interdum notis et largus amicis,
Cum fueris felix, semper tibi proximus esto.

123. Die folgenden Verse entsprechen den letzten der *praefatio* des zweiten Buches:

Ut sapiens vivas, audi quae discere possis,
Per quae semotum vitiis deducitur aevum:
Ergo ades et quae sit sapientia disce legendo.

132. Was für Buchstaben hier zu ergänzen sind, ist nicht zu erkennen. Man erwartet einen Infinitiv.

133/4. Durch die eingefügten Worte soll nur angedeutet werden, welchen Gedanken die beiden Verse enthalten müssen. Ob gerade diese Worte zum Ausdruck desselben gebraucht waren, ist natürlich sehr zweifelhaft.

137. Eine Ergänzung ist nicht versucht, da der Gedanke nicht zu erkennen ist. — Man sieht, dass wieder höchstens

8 Verse sich an die Vorlage anschliessen, die übrigen sind ganz unabhängig davon. Es scheint, als hätten dem Dichter hier die vorhergehenden Hexameter vorgeschwebt, wo Vergil, Macer, Lucan und Ovid als Lehrmeister empfohlen werden.

T 1. Die ersten 6 Verse gehören zur Version von Distichon II, 5:

Fac sumptum propere, cum res desiderat ipsa;
Dandum etenim est aliquid, dum tempus postulat aut res.

Es fehlen aber mindestens 2 Verse des Inhalts: „Wenn du eine Ausgabe machen musst und zauderst, so hast du nur Schaden davon." Daran schliessen sich unsere Verse vortrefflich an: „Aber, wenn du es mit Liebe thust, hast du davon Dank und Lob." Die folgenden Verse sind unklar. Doch scheinen sie etwas zu enthalten, was sich im Original nicht fand. Wörtlich bedeuten sie: „Wenn du dir mehr den Anschein giebst, als du Lust hast, kommst du viel weniger daran vorbei, wenn du ihm auch eine verstellte Miene zeigst."

15/16. Die beiden Verse sind in der Hs. sehr entstellt. Doch erklärt sich aus dem in den Text aufgenommenen Wortlaut, wie die Fehler entstanden. V. 5 lautete: *cum ua ono es preonç,* wo das *e* von *es* nicht gesprochen wurde; der Kopist liess das erste *o,* das er nicht verstand, fort oder übersah es. V. 16 lautete *queō pot veer fonç.* Der Kopist las *on* statt *om,* was dann natürlich noch hinzugefügt werden musste. V. 15 könnte man auch *cum o no es p.* lesen, doch würde das eine stärkere Abweichung von der Hs. sein, als bei der in den Text aufgenommenen Lesart, die ich Herrn Prof. Gröber verdanke. — Die Übersetzung ist breit. V. 9-12 wären zu entbehren gewesen.

17. Das *ē* der Hs. ist die Abkürzung des lat. *est*. — Die Verse 23—28 entfernen sich wieder von dem Inhalt des Originals, dessen zweiter Vers überhaupt keine Wiedergabe gefunden hat.

31. Der Nominativ nach Präpositionen unter den gleichen Umständen wie in dem vorliegenden Fall ist belegt von Tobler, Verm. Beitr. I, 221. (A. T.)

32. Das *sias* der Hs., welches ja an sich nicht unsinnig ist, passt deshalb hier nicht, weil der Autor schliesslich doch darauf hinaus will, zu zeigen, dass keiner *justs* ist. Daher ist *si es* angenommen. (A. T.) — Die Verse 29-46 beschäftigen sich überhaupt nicht mit dem Inhalt von Distichon 8, sondern mit dem Splitterrichten. Gemeinsam ist beiden bloss der Ausgangspunkt: Beide gehen von der Situation aus, wo man einen andern etwas Schlechtes thun sieht. Cato sagt: „Glaube nicht, dass er Nutzen davon hat." Unser Autor sagt: „Wirf dich nicht zum Richter auf."

51. Ob mit *meilz* f. *moilç* das Richtige getroffen ist, bleibt ungewiss. Der Sinn wäre: „Du musst wissen, dass das Beste dadurch an Wert verliert bei [einem Menschen, wenn nicht Verstand dabei ist." — Die Version ist wieder ziemlich breit, doch entfernen sich eigentlich nur die beiden letzten Verse vom Inhalte des Originals. Man erwartet *conseillar* statt *cabdelar*.

63. Durch *ric tornon decazeg* war eigentlich der zweite Hexameter wiedergegeben. Doch wird derselbe Gedanke noch einmal in V. 63-66 und noch einmal — und zwar genau an das Original anschliessend — in V. 67-70 ausgesprochen.

72. *leus* verstehe ich als „leichtfertig, leichtsinniger Weise."

80. Diese Wiederholung des vom Verbum getrennten Substantivs durch ein Pronomen begegnet noch an einer andern Stelle, V. 141. — V. 71-76 erschöpfen wieder den Inhalt des Originals. Die folgenden Verse sind freie Ausführungen des

Provenzalen. Was er mit V. 81 meint, in wiefern das Aussprechen des Willens einen andern reizen und Anlass zu Streit geben kann, sieht man nicht ein.

92. Die Wortstellung der Hs. konnte nicht bleiben. Der blosse Infinitiv kann hier nicht folgen. Die vorgeschlagene Umstellung hebt die Schwierigkeit. *de* kann sowohl zu *nos* wie zum Infinitiv gezogen werden.

93. *esgardar* (A. T.) deckt sich zwar nicht genau mit dem *deliberare* des Originals, entfernt sich aber auch nicht weit davon.

96. Die Lücke von 3—4 Buchstaben ist sehr klein für die 3 Silben, welche dem Verse fehlen. Der erste Buchstabe ist *q̄*, es bleiben also noch 2—3 Buchstaben zu ergänzen. Vielleicht hat hier *ioios* (G.), das ja aus sehr kleinen Buchstaben besteht und in den Gedanken hereinpasst, Platz. — Die Gedanken des Distichons sind vollständig, sogar etwas breit, wiedergegeben. Selbständig hinzugefügt sind nur die beiden letzten Verse.

100. Die Wiedergabe des Lautes *z* vor *i* durch *t* begegnet noch V. 122 und häufiger in den lat. Versen z. B. *iuditium, partior*.

109. Die Hs. hat *ens*, was man als Nebenform von *en* deuten könnte, die Rom. XII, 587 belegt ist. Aber das eine späte Beispiel rechtfertigt diese Deutung nicht. Besser ist daher *eus* (G.). Man erwartet, da es sich nur um die eine Gefährtin handeln kann, *sa par*.

110. Der Schreiber scheint *saben* für eine Form des Indikativs gehalten zu haben, daher setzte er *car* vor diese Zeile.

125. Das Wort vor *mals* kann, wie Herr Prof. Gröber meint, *arbre* sein. Man könnte annehmen, dass der Sinn der beiden Verse ist: „Aus schlechtem Stamm schlechtes Reis: Habgier und Stolz," dann ist natürlich *broilz* und *orgoilz* zu lesen. (A. T.)

127. Die verwischten Buchstaben passen für *altra*. — V. 97-104 lehnen sich an das Original an. Die folgenden 30 Verse sind unabhängig davon entstanden, möglicherweise erst zur Erläuterung des Vorangehenden hinzugefügt, vielleicht aber auch irgend einem andern didaktischen Gedicht entlehnt. Man vergleiche damit die ohne Anschluss an ein Distichon eingefügte Stelle über *orgoil*, V. 545-594.

128. Dass ein unbetontes Pronomen sich enklitisch an den Vokal des vorhergehenden Verses anlehnt, zeigt Mahn, Gramm. d. altprov. Sprache, S. 295.

142. Vgl. V. 80. — Doch ist der Satz etwas schwerfällig. *Om* scheint das *cel* von V. 139 wieder aufzunehmen, jedenfalls ist die grammatische Verbindung von V. 141 und 142 sehr locker. Sonst ist das Distichon treffend wiedergegeben.

144. *sanida* oder *fanida* muss zu *fenida* korrigiert werden, *a* ist ja auch sonst irrtümlich für *e* geschrieben. Ein anderes Partizipium etwa mit Hinzuziehung der 3 vorangehenden Buchstaben herzustellen, ist nicht möglich. (G.)

152. Der Schreiber erwartete augenscheinlich direkte Rede.

156. Man sollte erwarten, dass „die andern Sünden" in diesem Verse wieder aufgenommen werden. — Die ersten 8 Verse enthalten wieder Alles, was in dem Distichon gesagt war. Der Hinweis auf die Stelle der Bergpredigt (Matth. 6, 15) ist selbständig hinzugefügt.

164. Über *escarneis* s. ob. Gramm. Bem. II c. 9. — Nur die Verse 163/164 entfernen sich in ihrem Inhalt von dem des Distichons.

169. *Ma* scheint hier die Bedeutung zu haben, welche es bei Bartsch, Chrest. 364, 20 hat: „besonders"; denn ein Gegensatz zum Vorhergehenden ist doch nicht vorhanden.

171. Der Plural war doch wohl nicht zu dulden, zumal eine solche Verwendung des Sing. des Verbums in unserm Gedicht sonst nicht vorkommt und der Plural *omes* hier sehr leicht zu beseitigen ist.

178. Der einzige Fall in unserem Gedicht, wo das Futurum noch in seine alten Bestandteile zerlegt ist.

180. Dieser und der vorhergehende Vers klingen wie ein Sprichwort: „Einer, der nichts zu nehmen hat, hat nichts zu geben oder zu behalten." — Die Übersetzung ist wieder sehr weit ausgeführt, mit V. 165-168 und 173-176 wäre der Inhalt des Distichons erschöpft. Die übrigen Verse haben nicht nur keine Beziehung auf das Distichon, sondern stehen auch mit der provenzalischen Version in sehr losem Zusammenhang.

186. *en locs* „stellenweise, zuweilen" bedarf keines Beleges. Die Bedeutung ergiebt sich von selbst. Herrn Prof. Gröber verdanke ich den Hinweis auf eine Stelle bei Arnaut v. Marueil (Rayn., lex. rom. IV, 89), die inhaltlich der unsrigen sehr nahe steht: *„Onrada follia Val en luec mais que sen."*

187. Dieser Vers ist zu sehr entstellt, als dass man einen vernünftigen Gedanken herauslesen könnte. — Die ersten 4 Verse erschöpfen auch schon den Inhalt des Distichons, so dass auch dieses keinen Anhalt für die Herstellung des fünften bietet.

191. Wahrscheinlich hatte das Original *tē*, das *e* wurde wieder für *a* gelesen.

195. *nes* ist auffallend, wenigstens in der Stellung; es gehört doch zu *amdos*. — V. 199 und 200 hinken nach. Es ist deutlich, dass mit V. 197 und 198 die zweite Hälfte des zweiten Hexameters übersetzt ist. Diese beiden Verse scheinen für den Dichter noch einer besonderen Begründung bedurft zu haben, die denn allerdings unglücklich genug ausfiel.

201. Vielleicht darf man auch lesen: *„Se·t aus omes parlar."* Das Pronomen mag entweder zu *aus* als ethischer Dativ oder zum folgenden Infinitiv gehören.

202. Der Schreiber dachte augenscheinlich an *ascoltar escoltar* hören, zuhören.

205. „Es ist gut, sich dessen zu enthalten" (des *lauzar*).

207. Der Gedanke scheint zu sein: „Dein Sinn wird wohl betrübt werden, wenn er alles glaubt, was man sagt (viell. *cres* zu lesen), und es zu nichte wird; denn wenig schätzt man den, der sich betrügt."

209. Man ʼerwartet *si*. Doch können auch die beiden hypothetischen Sätze koordiniert, beide von V. 207 abhängig sein. — Der zweite Hexameter ist gar nicht übersetzt, dafür der erste sehr breit behandelt. V. 205—210 lehnen sich nicht an das Original an.

212. Die Form *ybre* ist ohne Zweifel unter französischem Einfluss eingedrungen, provenzalisch ist sie keinesfalls.

213. Ein Verbum des Schätzens, Dafürhaltens muss hier eingeführt werden, und der Imperativ *te* beansprucht keine grosse Änderung des Wortlautes der Hs.. Doch könnte man auch an *ai* „ich halte" denken. — Die Wiedergabe ist nicht exakt, es handelt sich im Original nicht darum, dass man den Trunk nicht nachher als Entschuldigung für das im Rausch Gethane anführen soll.

221. Die Vorlage hatte augenscheinlich *fedes*. Der Schreiber suchte den Reim herzustellen und schrieb deshalb *cles* im folgenden Verse.

222. Das letzte *a* in *malavia* für *malaveg* kann leicht durch einen Schaden der Hs. oder ihrer Vorlage veranlasst sein, dann hat der Schreiber das *ea* in die geläufige Endung *ia* verwandelt.

228. Die Form *penedre* findet sich bei Rayn. unter *penedir* mehrfach belegt. — Die ersten 4 Verse geben knapp und klar das Distichon wieder, die folgenden 6 suchen die Mahnung zu begründen, aber in ziemlich ungeschickter Weise.

232. *afan asatz* (A. T.).

234. Hier musste ein Subjekt der dritten Person eingeführt werden; das wird durch V. 235/6 gefordert.

238. *Se* ist wohl nur aus Versehen, weil die folgenden Verse damit beginnen, hier eingesetzt, das *cel* verlangt ein *qe* nach sich. — Das Distichon ist ganz falsch aufgefasst, wahrscheinlich deshalb, weil der zweite Vers nicht beachtet worden ist. Statt von dem Glück zu sprechen, das solchen, die es nicht verdient haben, zu teil wird, handelt der Übersetzer von allgemeinem Unglück, das jeden treffen kann und mit Gleichmut getragen werden soll. „Wenn dich ein Unglück trifft, ärgere dich darüber nicht; denn Kluge wie Thörichte trifft Mühsal genug. Durch Aussersichgeraten und Weinen wird keiner sie vermindern; je mehr er klagt und seufzt, wächst beständig sein Leid. Der ist sehr tugendhaft, der das, was er verloren hat wenn er nicht zeigt, wenn es ihm auch im Herzen weh thut. (Eine etwas starke Anakoluthie!) Wir sehen bei den armen Heiligen, welche vor uns dahingegangen sind, dass sie nie sich änderten, so sehr sie auch in Not gerieten. Auch wenn sie Vorteil erlangten, dachten sie nicht an Stolz.“

256. Das Distichon ist richtig aufgefasst. Doch sind die beiden letzten Verse hier nicht am Platz. Von solchem Unglück, das man durch Vorsicht vermeiden kann, ist hier nicht die Rede, sondern von solchem, das man, vorbereitet, leichter trägt.

257. Der Sinn der provenzalischen Verse scheint folgender: „Richte deinen Sinn nicht auf etwas Thörichtes. Thöricht ist der, welcher nach dem strebt, woran er nicht Mangel hat. (Viel klüger ist es, sich Freunde zu suchen.) Jeder Mensch, je weiter er im Leben vorrückt, schliesse mit vielen Freundschaft. Sie sind ein gutes Geleit zum Ende des Lebens.“ Wie die letzten Verse im einzelnen zu deuten sind, diese Frage muss unbeantwortet bleiben. Dass sie den angegebenen Inhalt haben, lässt sich aus der verdorbenen Überlieferung mit Hilfe der vorhergehenden Verse und des lateinischen Originals erschliessen. (Auch hier ist ja von

einer Stütze im Tode die Rede.) Der hinter V. 260 eingefügte Satz muss als Verbindung mit dem Folgenden hinzu-
gedacht werden. Dann haben wenigstens die 8 provenzalischen Verse einen Zusammenhang unter sich. Ver-
geblich sucht man aber einen solchen (abgesehen von der
flüchtigen Berührung des zweiten Hexameters mit V. 264)
zwischen ihnen und dem Original. Zwar erinnert das *no metas
ton corage* an das *animum submittere noli*, das *en trop grant
folage* an *rebus in adversis*, doch ist der Gesamtinhalt der
Sätze nicht in Übereinstimmung zu bringen; denn die oben
angegebene Deutung von V. 257 und 258 ist durch die
folgenden Verse gesichert.

270. „Nie findest du bei ungünstiger Gelegenheit deine
Rechnung" (G.). Die Übersetzung schliesst sich hier genau
an das Original an.

274. Man könnte auch *ne* statt *te* (G.) einfügen, dann
hätte *valer* die Bedeutung „gelten", das *ne* wäre aber nicht
nötig, es würde *per eis to saber* wiederholen. *Valer se* bedeutet „sich helfen".

275. Man versteht, warum ein der Sprache unkundiger
Schreiber das *tal*, auf welches kein *qe* folgte, zu beseitigen
suchte. Zu *sembant* vgl. V. 6. — Abermals ist die Version
kurz und treffend.

280. *si* ist adversativ. — Der zweite Hexameter ist
kaum beachtet, der erste dafür ausführlich erläutert. Die
beiden letzten Verse wiederholen den Gedanken der ersten.

292. *salutad* ist nicht belegt, es wird aber als richtige
Bildung nicht zu beanstanden sein (G.). Man könnte an
salvetat denken, doch bedeutet dies „Sicherheit, Rettung,
Erlösung," und man erwartet hier „Gesundheit." Das Wort
salutad kann im Anschluss an das *salus* des Originals gebildet
sein, dem sich der Übersetzer ja ziemlich genau anschliesst.

297. Ob mit dieser Lesart das Richtige getroffen ist,
muss dahin gestellt bleiben. Das *or* passt eigentlich nicht.

Wieder ist der zweite Vers des Originals nicht übersetzt worden, obwohl er nicht schwer verständlich ist.

301. Darf man etwa ein Vb. *enserar* annehmen? Dann wäre vielleicht besser *Pel somi a enseran* zu lesen, da dies den Buchstaben der Hs. näher stände. Der Schreiber zählte wohl das *i* von *somi* als Silbe, was aber vor Vokal nicht nötig ist. S. Rayn. *somnhe.*

306. Hier ist *somi* zweisilbig. — Der Provenzale lehnt sich an die Worte des Originals an, nur unterscheidet er nicht zwischen *somnium* und *somnum.*

315. Der Dichter vergisst, dass er eben von „den Frauen" gesprochen hat und wendet plötzlich den Singular an, den er auch beibehält.

319. „und erkennt und versteht aus dem Ding ohne Vernunft (dem Spiegel) das, was an ihr schlecht steht, wenn sie dort dasselbe sieht (im Spiegel)." (A. T.)

330. Hier scheint etwas ausgefallen zu sein. Zwar ist der Reim nicht unerhört für unser Gedicht, doch ist, wenn man die Lesart der Hs. beibehält, der Satz nicht vollständig. Es fehlt als Objekt zu *trobar* der Plural eines weiblichen Substantivs; denn auf einen solchen weist V. 331 hin. Es ist aber auch die Möglichkeit nicht ausgeschlossen, dass der Schreiber aus Versehen in V. 330 *veç* schrieb, wie es im vorhergehenden Verse stand, dass das Original aber ein anderes Substantiv bot. Es könnte *res* zu lesen sein: „Wenn du ihn (den Spiegel d. h. unser Gedicht) ansiehst und beachtest, wirst du viele Dinge finden. Wenn du diese weisst und verstehst, wird dein Verstand dadurch mehr wert sein" u. s. w. *res* scheint etwas zu allgemein, wird aber erklärlich, wenn man bedenkt, dass nicht so sehr an den vor dem Spiegel sich betrachtenden Menschen gedacht wird als an den Leser, der aus dem vorliegenden Gedicht lernen soll.

334. Vielleicht ist das *toi* der Hs. eine französische Form für *te*; dann wäre für die fehlende Silbe etwa noch ein *e* „und" vorher einzufügen.

Anschluss an das Original zeigen nur V. 307—312 und auch diese hängen nur lose damit zusammen. Völlig frei erfunden scheint der darauf folgende Vergleich. Der Umstand, dass Distichon I, das in den meisten Hs. des Cato als zweiter Teil der *praefatio* angesehen und mit V. 3 u. 4 derselben vertauscht ist, mitten in diesen Vergleich hineingeschoben ist, zeigt uns, dass die Disticha, wie sie in unserer Hs. vorliegen, nicht der ursprünglichen Überlieferung des Gedichtes angehörten, sondern erst von einem späten Abschreiber, der ihren Inhalt nicht übersah, eingefügt worden sind. So konnte es kommen, dass die *praefatio,* die in der dem Dichter oder Übersetzer vorliegenden Fassung wahrscheinlich statt V. 3 u. 4 das erste Distichon enthielt, so auseinander gerissen wurde, dass die eine Hälfte nicht einmal einen vollständigen Satz bildete.

341. Dass *bestia* als 3 silbig behandelt wird, kommt öfter vor. Vgl. Lienig S. 110. — Die Übersetzung ist hier wieder ziemlich genau und ohne Abschweifungen. Nur für *mortis imago* ist ein anderes, nicht minder wirksames Bild eingesetzt.

348. Diejenigen, welche im Mittelalter den Cato in der hier angegebenen Ordnung überlieferten, scheinen nicht gefühlt zu haben, dass die Worte *Comoda multa feres* sich an etwas Vorhergehendes anschliessen müssen, dass ihnen ein Vordersatz fehlt. Der Provenzale ergänzt ganz passend: „wenn du hörst und behältst“, und schliesst sich im übrigen an den Inhalt der Hexameter an. Ihm lag das lateinische Gedicht im Zusammenhang vor, er fasste mit Recht die ersten 6 Verse des dritten Buches als Einleitung auf und gab sie in den Versen 307—312, 335—348 wieder.

350. *mal* „Böses, was gesagt wird“. Oder soll man lesen *de mals* im Anschluss an *malorum?*

352. Der Indikativ ist auffallend. Vielleicht hat der Schreiber, welcher an den in den Gramm. Bem. angeführten Stellen ç für g schrieb, auch hier *dig* in *diç* geändert. Dann

dürfte man vielleicht lesen „*qui q'en dig' o qui·n caila*"
„wer auch davon rede oder (wem daran liege) wer sich
darum kümmere" (*qui = cui, caila* Konj. von *caler*). Dann
wäre auch der schwierige Reim beseitigt. Der Indikativ
ist auch deshalb besonders unangebracht und tadelnswert,
weil V. 362 der Konjunktiv in einer ganz ähnlichen Wendung
angewandt ist. — V. 353-358 stehen mit dem Inhalt des
Distichons in keinem Zusammenhang.

363. „Wenn du Zeugnis ablegen willst mit einer neuen
Aussage, das rate und sage ich dir, bringe nichts vor gegen
deinen Freund, und auf keinen Fall sage etwas, dessen du
dich schämen musst." Es scheint, als sollten die letzten
beiden Verse das *salva tamen ante pudorem* wiedergeben,
dann darf man vielleicht *si* in V. 367 adversativ auffassen.
Die beiden folgenden Verse sind sehr entstellt.

369. *poi* ist für *pois* geschrieben, dies = *potz*. „Sehr gut
kannst du dich vorher in Acht nehmen."

370. Die Hs. hat *pomis far*. Es liegt nah *poiras far*
zu lesen. Der Sinn ist dann: „was du nachher nicht wirst
thun können", ein Gedanke, der zu dem Vorangehenden wie
zu dem Folgenden vortrefflich passt.

377. „Wie wirst du es (*poder*) über einen andern haben,
wenn du nicht weisst über wen?" (A. T.) *Como auras* ist aus
dem Überlieferten leicht herzustellen. *m* ist oft mit *n* ver-
wechselt, *auras* konnte leicht als *tmas* gelesen werden, indem
die erste Hälfte des *a* als *t*, die zweite als einfacher Grund-
strich erschien, das über dem zweiten *a* durch - bezeichnete
r übersehen wurde oder aus irgend einem Grunde fehlte. —
V. 369-378 stehen nur in ganz losem Zusammenhang mit
dem Distichon, das durch V. 363-368 vollständig wiedergegeben ist.

379. *mosos* der Hs. ist in *moisos* zu korrigieren, letztere
Form erscheint V. 405. Belegt ist nur *moisonia* in Appels
Chrestomathie.

389. Dieser und der folgende Vers machen grosse
Schwierigkeiten. Man erwartet, wenn der Vergleich streng
durchgeführt sein soll, „Flachheit", vielleicht auch bloss
„Sicherheit". Es scheint ein Substantiv auf -za gemeint zu
sein, wenigstens, wenn man im folgenden Vers *rabineza* liest.
Hier fehlt allerdings nur das *a*, das ja im ersten Vers ge-
sichert ist. Darf man aber ein solches Adjektiv annehmen?
Die Bildung ist ungewöhnlich.

401. „Nicht will er Schlechtes von sich hören." (A. T.)
— Die Paraphrase ist wieder sehr breit ausgefallen. Die
ersten 6 Verse schliessen sich an das in der überlieferten
Form allerdings nicht leicht verständliche Distichon an,
dann folgt der Vergleich des sanften, aber falschen Menschen
mit den stillen, aber tiefen Wassern, darauf eine genaue
Schilderung dieser Menschen und eine Anweisung, wie man
ihnen zu begegnen hat.

413. *Per zo*, auf Folgendes hinweisend, ist selten. Man
vergl. aber *per co* V. 452.

418. *on* „desto" begegnet auch V. 584 u. 722.

427. *ambaisat*, gewöhnl. „die Botschaft", hier „die auf-
gegebene Arbeit, der Auftrag." — Die Übersetzung ist sehr
breit und nicht frei von Wiederholungen. Die Mahnung,
dass man den Körper an Arbeit gewöhnen solle, um mehr
leisten zu können, ist nicht im Distichon ausgesprochen.

432. *en* wird man besser auf *ira o destorber* beziehen;
denn diese müssen noch einmal aufgenommen werden, um
das *lo* in V. 434 zu rechtfertigen. — Die Anwendung der
gleichen Ausdrücke in V. 432 und 434 ist nicht geschmack-
voll; von der Mühe, von welcher das Original spricht, ist
in der Übersetzung nicht die Rede, dafür von Sorge, Gram
und Aufregung.

443. „Viel besser steht es an, dass man verschweige
das, was ein anderer gethan hat, als wenn man sich dessen
rühmt, was man nicht zu thun wagt", d. h. man thut besser
das Vergehen eines andern zu verbergen, als sich selbst

dessen zu rühmen. — Der Gedanke des Originals ist dadurch entstellt in der Übersetzung, dass *carpseris* nicht als „kritisieren, heruntermachen, verhöhnen" gedeutet ist, sondern als „aufnehmen, auf sich nehmen." Was dann *exemplo simili* heissen sollte, muss dahingestellt bleiben. In dieser missverstandenen Form ist der Gedanke des Distichons zuerst in V. 435-442 wiedergegeben, denen zur weiteren Erläuterung noch 6 Verse angehängt sind, die man gerade so gut entbehren könnte, da sie nur denselben Gedanken in etwas anderer Wendung wiederholen.

459. „Und nicht hilft ihm davon irgend eine Anstrengung, die er machen mag, eine kleine oder grosse." *paucs ni granz* wörtlich genommen hat insofern keinen Sinn, als man von einer kleinen Anstrengung keine Hülfe erwarten wird; die beiden Adjektiva sollen auch nur mit grösserer Schärfe ausdrücken, dass eben gar keine Anstrengung hilft.

461. „Und man hat daher Verlust (eig. Verfall, Untergang) durch seinen eigenen Fehler." — Der Zusammenhang der provenzalischen Verse mit dem Inhalt des Distichons ist sehr lose. Von dem Todesfall, durch welchen man plötzlich den Besitz erwirbt, ist hier nicht die Rede, auch dass man es aufzeichnen soll und, wie im zweiten Hexameter gesagt ist, keinem Anlass zu übler Nachrede geben soll, ist nicht ausgedrückt. Desto eindringlicher wird zur Sparsamkeit ermahnt und die schlimme Folge der Verschwendung geschildert.

466. Die beiden Verse, welche M noch bietet, sind inhaltlich überflüssig, und nur deshalb aufzunehmen, weil von den Freunden in der Übersetzung sonst gar nicht die Rede wäre, und weil eine solche Weitschweifigkeit gerade unserm Gedichte eigentümlich ist. — Im übrigen sind die Gedanken des Distichons richtig wiedergegeben.

470. Man kann eher annehmen, dass ein Schreiber das seltenere *pro* durch das gewöhnliche *bo* ersetzte, als umgekehrt. Überdies passt *pro* hier besser, da es sich mehr um die Tüchtigkeit des Dieners als um seinen Charakter handelt.

473. Dieser Satz gehört als Vordersatz zu V. 475. Der
Satz würde sehr unförmlich, wollte man ihn zum Vorhergehenden ziehen. In M war das Verständnis durch die
Fehler in V. 475/6 erschwert. Dass man die zweite Person
einführen muss, beweisen die folgenden Verse. — Die ersten
4 Verse erschöpfen bereits den Inhalt des Distichons.
484. Hier wie V. 495 hat M *que* statt *cum*. Für den
vorliegenden Fall ist *cum* vorzuziehen, im zweiten eine
Entscheidung nicht möglich.
490. T' hat die schwierigere Lesart, die aber eben deshalb vorzuziehen ist; man muss ergänzen „dich zu halten."
497. *pero* ist wohl wie im Italienischen als „aber" zu
verstehen: „Doch so, dass es dir helfe." Vgl. 683. Gemeint
ist wohl: Du sollst stets rechtschaffen handeln, doch dabei
auch an dein Interesse denken; denn ein Thor ist, wer sich
dadurch, z. B. durch zu grosse Freigebigkeit, zu Grunde
richtet. — Der erste Hexameter ist richtig übersetzt, aber
schon der Nachsatz nimmt eine unerwartete Wendung.
V. 487 lehnt sich wieder an den zweiten Hexameter an.
Die folgenden Verse lehren, wie man sich in ärmlicher
Vermögenslage benehmen soll.
511. „Und sie wird sich etwas darauf einbilden (auf
ihre Mitgift), wenn sie weiss, dass man es sich gefallen lässt."
Zu *acoil* vgl. 546 a. — Es ist nur der erste Hexameter, dieser
aber sehr ausführlich, behandelt, obwohl er mit V. 499 und
500 schon genügend wiedergegeben ist. Der Provenzale
fügt noch verschiedene Begründungen hinzu.
515. *des* wurde von einem Schreiber hinzugefügt, der
als Objekt zu *veras* das *qe deus far* dachte, während „die
andern Männern" das direkte Objekt sind.
516. Die Lesart von T ist des Versmasses wegen vorzuziehen.
524. Die beiden letzten Verse, welche in T fehlen, sind
inhaltlich wohl zu entbehren, doch darf man sie mit Rück-
sicht auf die Vorliebe des Autors für breite Darstellung

nicht verwerfen. Auffallend ist die französische Form *comen,* die sich schlecht beseitigen lässt. — Das Distichon ist insofern einseitig aufgefasst, als der Übersetzer nur das Leben der Tüchtigen als lehrreich hinstellt, während im Original auch das der Schlechten als Beispiel, freilich als warnendes, bezeichnet war. Die Worte *vita est nobis aliena magistra* endlich sind vollständig ignoriert.

529. „Sehr thut not Besonnenheit, bevor einer die Sache beginne, dass er dabei bedenke und erwäge, solange er noch davon loskommen kann, seine Kraft und sein Vermögen an Freunden und Besitz." V. 530 musste *om* eingefügt werden, da ein bestimmtes Subjekt fehlt.

536. Satzbeiordnung für Satzunterordnung. — Die ersten 4 Verse geben das Distichon wieder, die folgenden erläutern das *temptato.*

541. Diese 4 Verse geben knapp und klar das Distichon wieder.

545. „Dem Hochmut soll aus dem Wege gehen jeder rechtschaffene Mensch, wenn er ihn sieht, wie er sich äussert. Das, was er sich gefallen lässt, wenn ein anderer darunter leidet, kann ihn selbst treffen." Der Sinn der beiden aus M entnommenen Verse ist jedoch nicht sicher. Für *acolgre* vgl. V. 578.

552. Es mag einem Schreiber merkwürdig vorgekommen sein, dass die Gemeinheit und Niedrigkeit des Stolzes über alle Sünden gehn soll (gemeint ist natürlich über die aller andern Sünden). Ihm schien das *sobre* als regierendes Nomen einen Ausdruck wie Macht, Herrschaft zu fordern, so setzte er *poestas* ein, das er überdies als zweisilbig ansah. Daher schrieb er dann auch V. 554 *veus,* wobei er augenscheinlich an *vencer* dachte. Der Autor will durch V. 553—556 zeigen, wie heimtückisch der Hochmut jeden Menschen befällt, was dann durch den folgenden Vergleich mit dem Feuer erläutert wird.

578. „Solange wie man ihn bei sich duldet, hebt er empor, so hoch er kann, und treibt zu einem solchen Sprunge,

dass man zu nichte wird wie Rauch vor dem Winde." Der Ausdruck ist ungeschickt; man vermisst eine genauere Angabe des Objekts.

584. Vgl. 418, 722.

589. „Wer sich nicht davor hüten kann, den treibt er etwas Derartiges zu beginnen, dass er es nicht vollenden kann und nicht damit zu Ende kommt." — Die Verse 545-594 stehen in keinem Zusammenhang mit dem Distichon und machen den Eindruck, als seien sie einem didaktischen Gedicht entnommen. Vgl. V. 127. Übrigens kann diese Einschiebung, die doch wahrscheinlich nicht auf den Autor zurückgeht, nur gemacht worden sein, als die Disticha noch nicht eingereiht waren. Sonst hätte man doch den Mangel der inhaltlichen Übereinstimmung sogleich bemerken müssen.

595. „Wenn einer mit List als Zeuge auftritt, der dich vor Gericht bringen will, bitte und ermahne die Richter, dass sie sagen, was dabei rechtens ist. Denn die alten Gesetze verlangen, dass man die Rechte sage." Der Nachdruck liegt auf dem „sagen." Die Richter dürfen nicht mehr mechanisch nach dem Buchstaben des Gesetzes entscheiden, sondern sollen die Gesetze in gerechter Weise deuten. Dies der Inhalt der ersten 6 Verse und auch des Distichons. Die folgenden Ermahnungen scheinen sich ebenfalls auf das Benehmen vor Gericht zu beziehen, sind aber im Distichon nicht enthalten.

613. Wohl muss es dein Schade sein, wenn du wegen deines eignen Fehlers klagbar wirst." (A. T.)

617. „Wegen deines Fehlers, mein Sohn, geh', wenn du kannst, nie vor Gericht." (A. T.) — Die ersten 4 Verse enthalten die vollständige Übersetzung des Distichons; der im Folgenden ziemlich breit ausgeführte Gedanke, dass man wegen seiner eignen Schuld nicht vor Gericht gehen solle, ist nicht im Original enthalten.

620. Die Korrektur les leg, die erst eingeführt war und

auf welche sich die irrige Aufstellung auf S. 31 bezog (s. Berichtigungen), ist deshalb zu verwerfen, weil sie eine ungewöhnliche Form des Pronomens an ungewöhnlicher Stelle bietet und mehr von der handschriftlichen Überlieferung abweicht als die jetzt angenommene Lesart. (A. T.)

627. Dieser Satz ist etwas dunkel, er passt nicht gut in den Zusammenhang: „Irgend einen Sinn oder geheime Deutung giebt der an, welcher die Schrift hat." Was bedeutet das, und wie passt dazu der folgende Satz: „sie wollten sie verdecken" u.s.w.? Dies *las* weist doch wohl auf V. 625 *lor natur' e lor vida* zurück, was dafür spricht, dass V. 627 und 628 nicht an diese Stelle gehören. — Der Übersetzer hat aus dem Distichon nur eine Ermahnung zu fleissiger Lektüre zu entnehmen gewusst; auch dass es dazu einer gewissen Sorgfalt bedürfe, lehrt er vielleicht in Anlehnung an den ersten Hexameter. Zur Begründung seiner Mahnung aber giebt er an, dass man viel daraus lernen und bei besonderem Fleiss auch gewisse Geheimnisse, die der grossen Menge verschlossen bleiben, in sich aufnehmen könne. Von der Skepsis, mit der man nach Cato an die Lektüre der Dichter herangehen soll, spricht er nicht.

639. Man darf wohl *ses* = *sedes* annehmen, wenn es auch noch nicht belegt ist.

641. *paraula* scheint „allgemeine Unterhaltung, Gespräch" zu bedeuten. — Die ersten 4 Verse behandeln den ersten Hexameter, die Verse 643 und 644 sind unabhängig davon eingefügt, die letzten 6 lehnen sich an den zweiten Hexameter an.

652. Ob man statt *lāus* der Hs. *liures* lesen darf, was abgekürzt als *liūs* wiedergegeben sein könnte, muss dahin gestellt bleiben.

654. Eigentümlich ist wieder der Subjektswechsel, den die Hs. zeigt. Vgl. V. 315. Hier scheint er allerdings durch die Schuld des Schreibers verursacht zu sein; denn es erscheint sogleich wieder die Einzahl. — Mit den ersten 6 Versen

wäre der Inhalt des Distichons ausreichend wiedergegeben
gewesen, die folgenden 4 Verse bringen auch nichts Neues
hinzu.

666. „Aus der Art schlagen.“

674. „Besser kannst du deinen Willen ausüben an
deinem Untergebenen (s. Rayn.; doch scheint es sich hier
nicht um eine Person sondern um das Gut zu handeln) als
an dem deines Genossen, auch nicht so gut, wenn es das
deines Bruders ist.“

677. Die Worte, durch die das Sprichwort eingeleitet
ist, sind nicht recht verständlich. Weshalb sagt man das
zum Wirt oder Gast?

678. Andr. Gloria, Volgare illustre nel 1100 e prov. volg.
del 1200. Venezia 1885, S. 44 führt unter No. 154 an: *„E l'è
meio me (= mio) che nostro“.* — Die Übersetzung ist sehr breit.
Nur 10 Verse lehnen sich an das Distichon an; von den
Schwierigkeiten, die das Angewiesensein auf fremden Besitz
mit sich bringt, ist dort nicht die Rede.

682. Die Worte *quae si bona non est* werden den Inhalt
dieses Verses geliefert haben.

683. *pero* scheint dem *tamen* des Originals zu entsprechen,
also adversativ gemeint zu sein. Vgl. V. 497. — Das Distichon
ist knapp und klar wiedergegeben.

694. Die beiden letzten Verse gehen ihrem Inhalt nach
nicht auf das Distichon zurück. Die übrigen schliessen sich
an dasselbe an.

699. „Sie wird dir nimmer Dank wissen, wenn du deinen
Vater erzürnst“. Das musste wohl der Sinn sein, obwohl
die Hs. an 2 Stellen abweicht.

703. Der Hinweis auf das vierte Gebot ist natürlich
von dem Provenzalen hinzugefügt.

704. *Fezeltatz* ist die Treue, zu der der Lehnsmann
dem Herren gegenüber verpflichtet ist, so übertragen auch
hier.

707. Bei *aico* war augenscheinlich nur die Cedille vergessen.

714. Als Vorlage hat dem Übersetzer doch die ganze *praefatio* gedient, wenn unsere Hs. auch nur die eine Hälfte giebt. Die beiden andern Verse lauten:

Haec praecepta tibi saepe esse legenda memento:
Invenies, quo te possis mutare, magistrum.

722. Die gleiche Verwendung von *on* zeigt V. 418 und V. 584.

723. Die beiden letzten Verse wiederholen zum Teil mit denselben Ausdrücken den Gedanken von V. 721 und 722.

725. Man sieht leicht, wie dem Schreiber, der die Disticha einfügte, entgehen konnte, dass hier die Übersetzung des nächsten anfängt. V. 725 fügte sich auch sehr gut als Fortsetzung an die Bearbeitung des Dist. I an. *eras* f. *estas* könnte vielleicht durch falsche Auflösung von *ëas* eingedrungen sein. Vgl. V. 17. Anmerkung.

726. Die Form *aonos* f. *aondos* ist nicht belegt. — V. 729—734 enthalten eine Nutzanwendung der in den ersten 4 Versen wiedergegebenen Lehre Catos.

729. Herr Prof. Gröber schlägt vor *camjanz* „wechselnd, ungleich“, was sehr gut in den Zusammenhang passt.

740. Die Übersetzung ist kurz und treffend.

747. Die letzten Verse sind nicht dem Distichon entnommen und schwer verständlich. Man erwartet den Gedanken: „Mehr nützt dir Holz und Feuer und dein Messer zuweilen.“ Dann ist aber viel zu ändern, es müsste heissen: *„mais te val leinz e focs E tos coltels en locs.“* — Die Übersetzung beschäftigt sich ausschliesslich mit dem ersten Hexameter, der auch richtig verstanden ist.

Die einzelnen Übersetzungen oder Bearbeitungen der Disticha lassen sich nach ihrem Verhältnis zum Original in 3 Gruppen teilen:

Die erste Gruppe enthält in Abschnitten von 4—8 Versen eine klare, knappe und ziemlich richtige Übersetzung der entsprechenden Disticha. Es sind dies die Abschnitte:

M. 1—6, 7—10, 29—32, 57—64, 65—70.

T. 1—6, 135—142, 265—270, 271—276, 287—292, 301—306, 335—342, 343—348, 429—434, 463—468, 541—544, 679—684, 705—714, 735—740.

Die zweite Gruppe enthält in Abschnitten, die sich bis zu 36 Versen ausdehnen, neben einer solchen knappen Wiedergabe des Distichons noch eine Anzahl Verse, die teils dieselben Gedanken wiederholen, teils Erläuterungen oder Begründungen derselben enthalten, teils in ziemlich losem Zusammenhange mit ihnen stehen. Es sind dies die Abschnitte:

M. 11—28, 33—44, 123—138.

T. 47—58, 71—84, 97—132, 143—156, 157—164, 183—190, 191—200, 219—228, 247—256, 307—334, 363—378, 469—482, 525—540, 595—608, 609—618, 651—660, 685—694, 695—704, 725—734, 741—748.

Die dritte Gruppe enthält in Abschnitten von 8—34 Versen Ermahnungen, die sich zwar auch an den Inhalt der Disticha anschliessen, aber denselben entweder sehr breit mit vielen Abschweifungen wiedergeben, oder sich nur an einen Teil desselben anschliessen, oder von einer ganz schiefen Auffassung desselben ausgehen. Es sind dies die Abschnitte:

M. 45—56.

T. 7—16, 17—28, 29—46, 59—70, 85—96, 165—182, 201—210, 211—218, 229—246, 257—264, 277—286, 293—300, 349—362, 379—412, 413—428, 435—448, 449—462, 483—498, 499—512, 513—524b, 619—638, 639—650, 661—678, 715—724.

In gar keinem Zusammenhang mit einem Distichon steht der Abschnitt, welcher von *orgoil* handelt und die Verse 545—595 umfasst.

Diese Verschiedenheit der Bearbeitung legt den Gedanken sehr nahe, dass nicht alle Abschnitte auf den
gleichen Autor zurückgehen, dass vielmehr ein Übersetzer
die kurzen an das Original anschliessenden Abschnitte ver-
fasste, während ein anderer die breiten oft weit ab-
schweifenden Übersetzungen schrieb. Dem ersten wären
die in Gruppe 1 genannten Verse zuzuschreiben, sowie
auch die im gleichen Stil geschriebenen Teile der in Gruppe 2
angeführten Abschnitte. Der zweite Autor hätte die in
Gr. 3 angeführten Verse verfasst, und die Zusätze zu den
Abschnitten von Gr. 2 gemacht. Dem letzteren würden
denn auch nahezu alle nicht ganz korrekten Reime zur
Last fallen. Doch ist die Entstehung unseres Gedichts
nicht so zu denken, als habe der zweite Dichter das lücken-
hafte Gedicht des ersten überarbeitet und ergänzt. Es ist
wahrscheinlicher, dass 2 vollständige Versionen existierten,
die, im Laufe der Zeit mehr und mehr lückenhaft geworden,
schliesslich von einem dritten zusammengeschweisst wurden.
Das würde vortrefflich die zahlreichen Wiederholungen in
den unter Gr. 2 genannten Abschnitten erklären. (M. 36,
T. 51, 251, 473, 529, 657, 687 u. a. m.) Da, wie wir gesehen haben, die Disticha nicht immer zugleich mit userm
Gedicht überliefert wurden, so erklärt es sich auch, wie ein
Abschnitt wie der über *orgoil* eingefügt werden konnte.
Man kann nicht einmal sagen, ob nicht ein viel grösserer
Teil des Gedichtes erst nach der Zusammenfügung der
beiden ersten Versionen hinzugekommen ist. Ein solches
Lehrgedicht, dessen Anordnung ohne die beigefügten Disticha
nicht zu erkennen war, konnte jeden Schreiber reizen, selbst
Zusätze zu machen. Wie dem auch sei, dass die vorliegende Form die ursprüngliche Gestalt des Gedichtes gewesen sei, wird niemand behaupten wollen. Dagegen
spräche auch noch der Umstand, dass die beiden Hs. in
den gemeinsamen 100 Versen schon um 6 differieren.

Über den poetischen Wert des Gedichtes ist wenig zu
sagen. Soweit die Version sich an das Original anschliesst,
war natürlich keine Gelegenheit eigene Gedanken anzubringen.
Dagegen ist in der freieren Version zu bemerken, dass der
Autor mit lebhafter Phantasie Ereignisse des täglichen
Lebens zur Erläuterung der Lehre heranzuziehen weiss.
Er vermeidet es überhaupt, die Lehren, wie es oft in den
Distichen und daher auch in der treueren Übersetzung
geschieht, in abstrakter Form zu geben, sie werden
oft auf einen praktischen Fall angewendet. Die Vergleiche, welche vorkommen, sind zum Teil im Original
vorhanden, doch nicht immer. Mehrfach wird auf die Bibel
Bezug genommen, so in der Abhandlung über das Splitterrichten (Dist. II, 8), in dem Abschnitt über *enveia*, wo auf
den Sturz der Engel, auf Adam und Kain hingewiesen wird,
dann in dem Abschnitt über das Verzeihen (Dist. II, 15),
endlich in der Ermahnung zur Liebe gegen die Eltern
(Dist. III, 24).

Der Zweck der Version war jedenfalls ein ganz allgemeiner,
die häufige Anrede *fils* ist dem Original nachgeahmt. An-
spielungen auf spezielle Verhältnisse, die bei der Anrede an
eine einzelne Person sehr gut angebracht gewesen wären,
finden wir nicht. Wahrscheinlich hatte das Gedicht allgemein
pädagogische Ziele im Auge. Eher kann man bei unserer
Hs. T an eine spezielle Bestimmung denken. Die Hinzu-
fügung der beiden lateinischen Fassungen, deren zweite übrigens
für den Inhalt der provenzalischen Verse ohne Bedeutung
ist, deutet darauf, dass die Hs. für einen auch des Lateinischen
Kundigen geschrieben war. Auf einen vornehmen Besitzer
deutet die äussere Ausstattung, die Zierlichkeit und Exaktheit
der Schrift. Das Format lässt vermuten, dass man das
Büchlein in der Tasche bei sich tragen sollte.

Über den Entstehungsort des Gedichtes ist nur soviel
zu sagen, dass der Grundstock, die kurz gefasste Übersetzung,

sehr gut auf provenzalischem Boden entstanden sein kann.
Möglich ist das auch für die übrigen Bestandteile, doch
nicht wahrscheinlich, ein Teil der Reime deutet auf Italien.
Für die Hs. T endlich ist die Entstehung in Norditalien nahezu
gesichert, wenn auch französische Elemente darin nicht zu
verkennen sind.

Berichtigungen.

S. 31 Z. 6 lies *las* 599. (Das Folgende bis 10 zu streichen.)

S. 36 sollte gesperrt gedruckt sein: *b* in *bon* V. 3, *b* in *bres* V. 5, das
erste *n* in *non* V. 20, dagegen sollten nicht gesperrt gedruckt
sein: *i* in *desdeinar* V. 12, *ee* in *cobeeza* V. 22.

S. 44 Dist. II, 13 a 2 lies *Que* statt *Qui*.

S. 45 V. 124 lies *e traire* statt *etraire*.

S. 46 V. 141 lies *en* statt *eu*.

S. 46 neben V. 149 ist hinzuzufügen: fol. 2 v⁰.

S. 50 „ V. 235 „ „ : fol. 3 v⁰.

S. 53 „ Z. 2 „ „ : fol. 4 r⁰.

S. 61 V. 459 lies *e no* statt *eno*.

    Ein Komma ist zu setzen: S. 43 V. 83 hinter *pesanza*, S. 50
Dist. II, 22 b 2 hinter *ledi*, S. 52 V. 265 hinter *aia*, S. 52
Dist. II, 27 a 1 hinter *imminet*, S. 53 Dist. II, 28 b 1 hinter
cibis, S. 54 Dist. II, 31 b 1 hinter *frustra* (nicht davor), S. 60
V. 431 hinter *gauziscas*, S. 61 V. 449 hinter *aventura*, S. 65
V. 541 hinter *far*, S. 69 Dist. III, 19 b 1 hinter *cumvivaris*,
S. 70 Dist. III, 21 b 1 hinter *rerum*,

    ein Punkt: S. 56 Z. 1 hinter *agentem*, S. 64 V. 524 b hinter
mantener.

Lebenslauf.

Am 27. März 1875 wurde ich, Rudolf Tobler, als Sohn des Universitätsprofessors Adolf Tobler und seiner Gattin Ottilie, geb. Hirzel, zu Berlin geboren. Nach 2 1/2 jährigem Besuch der Vorschule wurde ich Michaelis 1884 in die Sexta des Askanischen Gymnasiums aufgenommen, das ich Michaelis 1893 mit dem Zeugnis der Reife verliess, um Philologie zu studieren. An der Universität Berlin immatrikuliert, hörte ich während fünf Semestern Vorlesungen bei den Professoren Tobler, Zupitza †, Brandl, Weinhold, v. Treitschke †, Joh. Schmidt, Hübner, v. Gizycki †, Geldner, Heusler Kekulé von Stradonitz, den Lektoren Harsley, Dr. Hecker, Prof. Dr. Pariselle. Zu Ostern 1896 siedelte ich nach Strassburg über, um dort meine Studien fortzusetzen. An der Kaiser Wilhelms-Universität daselbst hörte ich die Professoren Gröber, Windelband, Koeppel, Martin, Ziegler, die Lektoren Prof. Miller, Dr. Robertson, Prof. Dr. Schneegans. In Berlin war ich 3 Semester Mitglied des romanischen, 1 Semester Mitglied des englischen Seminars. In Strassburg nahm ich 3 Semester hindurch an den Übungen des romanischen und des englischen Seminars teil, 2 Semester gehörte ich dem philosophischen an.

Am meisten unter allen meinen Lehrern bin ich meinem Vater zu Dank verpflichtet, der mich in seine Wissenschaft eingeführt und auch zu der vorliegenden Arbeit angeregt hat. Aufrichtigen Dank sage ich auch meinem hochverehrten Lehrer Herrn Prof. Dr. Gröber, der während meines Strassburger Aufenthaltes meine Studien und besonders auch diese Arbeit durch mannigfache Ratschläge gefördert hat. Auch allen meinen übrigen Lehrern spreche ich an dieser Stelle meinen wärmsten Dank aus.